JN217362

何でもない週末の、何でもない一日

日曜日の風景 Part2

KOBUNSHA

Contents

Scene No.8

安武邸
065

Scene No.9

下重邸
069

chapter 3.

我が家の中心は
ダイニング・キッチン
074

Scene No.1

西村邸
075

Scene No.2

名取邸
079

Scene No.3

山口邸
085

Scene No.4

WAKO邸
089

chapter 2.

マンションの
リノベーションで
自分たちらしく暮らす
032

Scene No.1

永谷邸
033

Scene No.2

小野邸
037

Scene No.3

川成邸
043

Scene No.4

尾崎邸
047

Scene No.5

木村邸
053

Scene No.6

川合邸
057

Scene No.7

宮内邸
061

何でもない週末の、
何でもない一日
35Familyの
日曜日の風景

special version

東原亜希邸
007

chapter 1.

ヴィンテージ
マンションで暮らす
が、今賢い選択
014

Scene No.1

クリス-ウェブ
佳子邸
015

Scene No.2

白澤貴子邸
021

Scene No.3

高橋志津奈邸
027

Scene No.5
浅見邸
155

Scene No.6
河村邸
159

Scene No.7
柚木邸
163

Scene No.3
小谷邸
125

Scene No.4
大塚邸
129

Scene No.5
鈴木邸
097

Scene No.6
小池邸
101

Scene No.7
高松邸
105

Scene No.8
安斎邸
109

chapter
5.

「子育てを
湘南でしたいから」
移り住む人、
増えています
134

Scene No.1
高城邸
135

Scene No.2
塙邸
139

Scene No.3
小瀧邸
145

Scene No.4
田中邸
149

chapter
6.

コンパクトでも快適。
都会の戸建て、
選びました
168

Scene No.1
戸田邸
169

Scene No.2
水野邸
173

Scene No.3
宮崎邸
177

chapter
4.

グリーンに囲まれて
暮らす憧れ、
叶えました
114

Scene No.1
齊藤邸
115

Scene No.2
大河邸
121

何でもない週末の、何でもない一日
みんなの「日曜日の風景」Part 2

2011年にVERYでスタートしたインテリア連載企画「日曜日の風景」も7年目に突入し、80回目を迎えました。1冊目の『日曜日の風景』から、さらに50軒も取材させていただいたことになります。今回は残念ながらとてもすべては掲載できず、サブテーマを定め、35軒の「日曜日の風景」を紹介させていただくことに。根底となるテーマは変わらず、「住み手の個性が感じられる家」です。家やインテリアに正解はありません。大切なのは住み手にとっての居心地のよさ、そして「あなたらしい」ということ。住まいにはそこに暮らす人そのものが表れます。だからこそ愛おしい。この本が、日曜日なのにどこにも出かけたくなくなるような、とびっきり居心地のよい住まいづくりのヒントとなりますよう。

自然と人が集まり
子供が走り回る
明るく心地よい
大らかな空間

友人たちと一緒に料理をしたり、将来
的には料理教室も開催できるよう、ア
イランドカウンターを設置。白いサブウ
ェイタイルとステンレスでまとめた清潔
感溢れるモダンなキッチン。

井上さんの周りにはいつも子供たちが。LAのデザイナー、ステファン・ケンによる大ぶりのソファはお気に入りだったものの、人が集まる家にはこれでも足りず、現在L字型のソファをオーダー中。

LDKの一角にはスタディルームを確保。兄弟姉妹、親子並んで勉強でき、すりガラスで緩く間仕切られていて、集中できそう。青いデスクランプはFLOS社のTabのヴィンテージ。

LDKの一角のプレイスペースに置いた、カラフルな色合いとそれぞれ異なるツマミが可愛らしい引出し。日本の古いもので、EATME GALLERYで出会い、購入したそう。

玄関にはシャルロット・ペリアンがデザインしたヴィンテージチェアを置き、壁にはneuloの熊谷美沙子氏によるタペストリーやCPCMで購入した鹿のオブジェを飾っています。

人がたくさん集まる家らしく、TRUCKで購入したダイニングテーブルの大きさは、なんと1.2×2.4m。家族6人がゆったり座って食事できます。
椅子はTRUCKのベンチやヴィンテージチェア。家族揃っての賑やかなランチタイムです。

「子供の頃から当たり前のように海と富士山を眺めて育ちました。東京で一人暮らしをするようになって初めて『なんて贅沢なことだったのだろう』と気づいて。いつかまた戻ってきたいと思っていました」と亜希さん。念願叶い、2年前に、生まれ育った地元近くに家を建てることに。LDKの大きな窓からは海が見渡せ、晴れていれば富士山も望めます。子供たちが走り回れる山のような庭もあり、頂上には可愛らしい小屋が建てられています。「いい土地があるから」と不動産屋さんに連れられ、初めて見たのがここ。気に入って他の土地も見ずに即決しました。設計はジェネラルデザインの大堀さんに依頼。「撮影で訪れた千葉のスタジオや代官山のSaturdays Surf NYCなど、好きだなと思う建物を設計しているのが大堀さんで、紹介してもらいました」。亜希さんからの希望は「人を招くのが好きなので、とにかくLDKを広く。将来、先生を呼んで料理教室などもできるように、キッチンにはアイランドカウンターを作りたい」ということ。一方、ご主人の井上さんは「天井を高くしてほしいとお願いしました。あと書斎があればありがたいと（笑）。で、書斎も作ってもらったのですが、その後、家に仕事は持ち込まないと決めたので、今は使っていません」とにっこり。多忙な井上さんがたまに家にいられる時は、

4人の子供たちがそばを離れず、家で仕事をしないと決めた理由もわかります。この日もダイニングテーブルで長女の宿題を見てあげた後、リビングのソファに座り、次々とまとわりついてくる子供たちと楽しそうに遊ぶ良きパパです。2階部分に配置されたLDKには、子供たちのプレイスペースやスタディルームもあり、広く、伸びやか。カーテンが要らない大きな窓からは、明るい陽射しが差し込んで、冬でもポカポカです。「僕はこのLDKが大好きで、暇さえあればここでゆっくりしていたいんです。広々として子供たちと全力で遊べますし」とも。亜希さんも「気づくと20〜30人集まっていることもあります。人がたくさんいると子供同士で遊んでくれますし、勝手に冷蔵庫から飲み物を出したり、誰かが料理を作ってくれたり。私自身もラクだし、何より楽しい。思い描いていたとおりの人が集まる家になりました」。

東原亜希邸 Data
結婚後、イギリス暮らしなどを経て土地を見つけ、2年前に家を建てる。設計はジェネラルデザイン（http://www.general-design.net/）の大堀伸さんに依頼。／神奈川県在住／柔道家で柔道全日本男子監督のご主人・井上康生さん（39歳）、雑誌VERYでも大活躍のモデルの東原亜希さん（35歳）、長女（8歳）、長男（7歳）、双子の次女・三女（2歳）の6人家族。

「今年の目標は料理ができるようになること」という井上さん。亜希さんに教えてもらいながら、カレーに挑戦したりしているそう。ペンダントランプはジャスパー・モリソンがデザインしたFLOS社のGLO-BALL。

最近はご近所のママ友たちに習い、酵素シロップ作りをしているとか。「1日50回くらいかき混ぜます。子供の手のほうが菌もたくさん入るみたい」と長女と一緒に、フルーツと砂糖を入れる作業を（1）。ちょっとした山？のような広い庭のデザインは熊谷隆志さんに依頼。てっぺんに建つ小屋に登ったり、小道を走り回ったりと、子供たちの格好の遊び場になっています。この日は井上さんと一緒にさらに楽しそう。レンガを組んだBBQグリルも設置してあります（2・4・8）。ランチは、ミートソースと、近所で購入した、採れたての野菜で作ったサラダ。そしてデザートのアップルパイ（3・5・7）。さりげなくコーヒーを淹れ、撮影スタッフ全員に振る舞ってくださる優しい井上さん（6）。

天井が高く広々としたリビング。ラグは「珍しく模様がなく、真っ白なところがいいなと思って」購入したベニワレン。横長に切り取られた窓には、海や富士山のパノラマビューが広がります。

庭には縦横無尽に走り回れるジグザグの小道があり、そこを登っていくと小屋が。陽当たりがよく、植物の成長も驚くほど早いそう。「この辺りは、子供たちの遊び場がたくさんあります」と亜希さん。

キッチン横の冷蔵庫やパントリーを隠す大きな壁は、グレイッシュな色を選び、マグネット塗装に仕上げました。子供たちが磁石のおもちゃを壁に貼り付けて遊べるようになっています。

Higashihara's favorite collection

ヴィンテージを程よくミックス。友人に相談しながらインテリアをアップデート中

他は一切見ずに即決したという土地は、子育てに最適な環境。完成した家は住み心地の良さをきちんと押さえつつ、スタイリッシュな仕上がりで、井上さんと亜希さんそのもののような、明るくて大らかな心地よさ。夏は花火が見え、テラスではBBQもするそう。目下、友人でもあるEATME GALLERYの関田四季さんにインテリアを相談中だとか。まだまだ進化を続け、さらに魅力溢れる家になっていくに違いありません。
1.「イギリスに暮らしていたときに、ヴィンテージのものにも興味を持つようになって」と亜希さん。赤い縁取りがスタイリッシュな時計はブラウンのヴィンテージ。2.アスティエ・ド・ヴィラットの器は「将来、先生を招いて料理教室を開催できるようになったら使えるかな？と思い、集めています」。3.ヴェルナー・パントンの名作ランプ、ファン・シェルはリビング

の天井に。光を受けてキラキラと光る貝が美しいシャンデリア。4.パイナップル型のキュートな鏡はアッシュ・ペー・フランスで購入。5.この家のキッチンの壁にと手に入れたフランスのツェツェ・アソシエの食器棚。ファイヤーキングのヴィンテージマグカップや色鮮やかなプレートが並び、楽しげな見せる収納。6.オブジェのように楽しめるカラフルなブロックはAreaware Balancing Blocks。7.益子の作家、遠藤太郎氏による、コーヒーカップやコーヒーメーカーは、EATME GALLERYで見つけたもの。ぽってりしたフォルムの温もり溢れる器です。8.ヌメ革の風合いと、ユニークなフォルムとブルーの脚が目をひくチェアはCPCMで。9.ヴィンテージのタイガーの魔法瓶は、今では珍しい籐製のレトロなデザインが魅力で、大きさ違いでコレクション。

1.

vintage apartment

ヴィンテージマンションで暮らすが、今賢い選択

昨日今日できたものでは到底かなわない魅力。それは家も同じです。
ヴィンテージマンションは、その趣ある佇まいはもちろん、
今ではなかなか難しい、立地、環境、
広さが比較的手に入りやすいのも魅力の一つ。
誌上で活躍するチームVERYの中にも
その魅力に惹かれ、選ぶ人が増えてきています。

年代、色、柄……
さまざまなテイストの
ミックスが
この家の個性と魅力に

子供たちも成長して、休日の朝は少しゆっくり寝ていられるように。「私がベッドにいると、たいてい下の娘がやって来てくっついてきます」とウェブさん。モノトーンにグリーンを差し色にしたベッドルーム。ベッドはイケア、ラグはボー・デコールのアートギャッベ、トランクはバイマレーネビルガーの店舗から譲り受けたもの。

マンションの外壁に合わせて選んだパープルのカーテンはマットな生地にこだわり、HIKEで取り寄せたとか。HIKEのソファは愛用していた布張り
に加え、革張りも新たに購入。ベニワレンのラグはネットショップ1stdibsで。

「高価なバッグを買うなら、家にまつわるものを買いたい」。モデルとして毎月、雑誌VERYのファッションページで最新のファッションを纏い、巻頭の連載エッセイでは鋭い観点で日常を斬る。さらにレストランやショップのディレクションとさまざまな分野で才能を発揮するウェブさんは、大のインテリア好き、そしてグリーン好き。ラグジュアリーブランドのPRを手掛ける多忙なご主人との共通の趣味でもあります。「ご近所のリサイクルショップには週3回通っているかな（笑）。主人とも週末に時間が合えばアンティーク家具やグリーンのショップをのぞいています」。つい最近もずっと探していたピンク色のアートに出会ったばかり。「嬉しくて、かかえて帰ってきました」。行きつけはご近所の店がほとんど。日用品だけでなく家具も花もなるべく地元の店で買うようにしているそう。長くこの辺りに住み、引っ越しを重ねてきた理由も「東京ではなかなか手に入らない〝ビリッジ感〟があり、ご近所づきあいができる。子供たちもご近所の人に可愛がってもらっています」とご主人が語ります。

そんなウェブ家のインテリアは年代、様式、色、柄をミックスしたエクレクティックなスタイル。「実家のリビングにはダルマや北海道土産の木彫りのクマが置いてあり、そんなものに触れながら育ちました。子供たちもそんなふうに育てたい」とウェブさん。一方ご主人も「僕が育った家は典型的なイギリスのスタイル。母は落ち着きのあるコンサバティブなインテリアを好んでいましたが、叔母の影響でバリやインドのものもミックスしていました。佳子さんのほうがもっと大胆で国際的かな（笑）。この家では北アフリカもイギリスも日本もアンティークもモダンもオールミックス。今はこんなインテリアが落ち着きます」。モノだけでなく人との関わりも含め、ミックスすることによって生まれる個性や面白さ、好きなものに囲まれて暮らす心地よさ。それがどんな高級バッグを持つことより遥かに豊かなことだと熟知している、彼女そのもののような魅力溢れる家です。

クリス-ウェブ 佳子邸 Data

結婚12年目で4回の引っ越しを経験。ずっと同じエリアで暮らす。現在の賃貸マンションは広さと、ウェブさんと当時同じ歳の築37年だったことも気に入った理由。／東京都目黒区在住／約190㎡／PR会社を経営するご主人、マーティンさん（39歳）、雑誌VERY専属モデルの奥さま、佳子さん（37歳）、長女のニノンちゃん（11歳）、次女のベニちゃん（10歳）の4人家族。

ウェブさんお気に入りのレトロなキッチンは、3人並んで料理ができる、ゆったりとしたコの字型。大きな窓からはたっぷりと光が入り、明るく居心地の良いスペースです。新築当時のまま残る、木製の天板や日本製の黄色いオーブン、ホウロウのシンクのクラシックな佇まいが魅力的。今日のブランチは、子供たちが作ったキャロットラペとグリルした野菜などのワンプレートディッシュ（1・2・3・5）。玄関の壁には、このマンションにもともと備え付けられていた対の鏡が（6）。ロッキングチェアでゆったりと寛ぐ休日のひととき（4）。「本当は庭が欲しい」という植物好きなご主人。子供たちと家じゅうの植物に名前を付け、話しかけながら水やりをするという微笑ましい一面も（7）。

緑に溢れたリビングで静かに読書をするご主人（1）。木製のチェストはデンマーク製の1950〜'60年代のものでLewisで購入。上に飾ったアートはリサイクルショップで最近見つけたもの。ターコイズ色のタイル張りのコーヒーテーブルはロイズ・アンティークス エゴイストで（2）。今では貴重なブラジリアンローズウッドのダイニングテーブルとチェアはソネチカで。エクステンション式のテーブルを最大に拡張し、同素材の椅子をロイズ・アンティークスで見つけて追加。白いチェストの上はウェブさんがディスプレイを楽しむ聖域。友人の写真や義姉のアートに合わせてモノトーンでまとめ、季節の花で彩りを添えています（3・4）。長女・ニノンちゃんの部屋の壁にはカメラマンさんから購入した鮮やかな布を掛けてポイントに。本棚はウェブさんが子供の頃に父親と作り、塗りなおして使っている想い出の家具（5）。ソファに掛けたブランケットはBLESSというドイツのブランドのもの。台湾で一番好きなセレクトショップSUNSETで購入（6）。ウェブさん専用のクローゼット。「昔は黒子と呼ばれていた（笑）」というのが信じられない、美しい色に溢れたワードローブ。アイテムに分け、色別に並べてすっきり収納しています（7）。ガラスの棚板がモダンな、ヴィンテージの本棚は意外にも日本製。ビューロスタイルで購入（8）。

6 5
8 7

Kris-Webb's favorite collection

家や家具が持つストーリーを大切にし、それらに寄り添うインテリアに

1950年代の家具が好きというウェブさん。「長く大切に使うことはエコだと思うし、古いものに魅力を感じます。新品を買うなら一からオーダーしたい」と。ご主人は「インテリアはその建物に合わせて。この築37年のマンションに100年前の重厚なアンティークは似合わないですから」と。家や家具、モノの出自やストーリーを大切にし、丁寧に選んでいます。1．娘さんたちのレゴは、種類別にZARA HOMEのカゴに入れ、リビングのチェストの下に収納。2．ゲスト用トイレに飾ったランプは、ウェブさんの友人が製作しているm.soeurのフラワーボトルランプ。3．リビングの壁に飾った鏡もZARA HOMEで。4．次女の出産記念に購入した天童木工のロッキングチェア。黒い革張りだったのをHIKEに依頼して布に張り替えたそう。5．クッションカバーを選ぶ時は、必ず合わせたいカバーをショップに持

参し、その場で並べてみるそう。柄のものはコレックスリビングで購入。6．雑誌VERYの撮影でボー・デコールのギャッベに出会ったのがきっかけで、大のラグ好きに。玄関に敷いたのは一点もののオールドギャッベ。7．ご主人の母国、イギリス製のグローブ・トロッターのスーツケース。上はご主人のお母さまが若い頃に帽子入れとして愛用していたもの。下はご主人が2003年頃購入したもの。ベッドルームに置いて靴下などを収納しています。8．最近愛用しているのはニュージーランド発、ecostoreの食器用洗剤とマルチクリーナー。9．チェストの上に対で置いたランプはロイズ・アンティークス エゴイストで見つけた1920年代のもの。点灯するとピンク色に光るため、これに合わせてピンク色のアートを飾ることに。

自らデザインし
ストレスのない
好きなものだけに
囲まれる心地よさを入手

キッチンのアイランドカウンターは作業台として、また家族で食事をするテーブルとして大活躍。天板には「皆に反対されたけどやっぱり好きだし、シミや汚れも味わいとなれば」と白の大理石を選択。キッチン横には、息子さんが愛用している机＆椅子が。「家事をしながら宿題のわからないところを一緒に考えたり、ここならコミュニケーションが取りやすいので」。

床に向かって微妙に濃くなる、空間に陰影を作る白からグレーのグラデーション。回り縁や幅木、窓まわりの額縁などに美しく施されたモールディング。そんな内装の色、ディテールからプランに至るまで、「思い描く理想形が頭の中にできていて、人に任せる理由が見当たらず（笑）、デザイナーや設計士には依頼しませんでした。想像以上に大変な作業でしたが、完成してみて『こうすれば良かった』と思うところが一つもなく、本当に満足しています」と白澤さん。ライターとしてファッションページなどを手掛け、誌面に登場するたびにそのファッションセンスやライフスタイルが大反響のVERY世代、働くママでもあります。結婚後3軒目となるこの家には数カ月前に引っ越してきたばかり。子供の通学、利便性、以前のマンションよりも広いスペースを確保できること……などを考慮して100軒近く物件を見た結果、都心のヴィンテージマンションに巡り合いました。白澤さんのインテリアの原点はパリ。「留学時代に暮らしたアパルトマンや訪れた友人たちの家がとても印象に残っていて、その記憶とその後仕事で訪れたスタジオなどによって理想のイメージが確立されました。以前の家は新築分譲マンションで、内装には少し手を入れた程度。不満に思う部分もいろいろあり、私の仕事が忙しくなると、家の中が雑然としてしまうのもストレスで……」。そんなストレスや使いにくさの原因をすべて箇条書きにし、排除できるよう工夫をしたそう。例えばクローゼット。「まずは私の洋服や小物類がきちんと収まる広さであること。忙しくても洋服が他の部屋に散らばらないよう、アイロンや私服コーディネートもできるようにしました。結果、息子の部屋よりも私のクローゼットのほうが広くなってしまいましたが、それも一人息子が一日も早く独立したいと思う、背中を押す理由になるかな？と（笑）」。夫婦揃って多忙だからこそ、家で家族と過ごす時間を大切にし、リビングにはTVを置かず、ほぼ観ることもないのだとか。たまに夫婦が揃う夜には暖炉を囲んでワインを飲み、その週にあった出来事を語り合うなど話が尽きないと言います。奇しくも完成したこの年は、そんな仲の良いご夫婦のアニバーサリーイヤー。「この家は主人からの結婚10周年のプレゼントなんです」と白澤さん。素敵すぎてため息が出ちゃいます。

白澤貴子邸 Data
ご主人所有のマンション、メゾネット式の新築分譲マンションを経て、築45年のヴィンテージマンションをリノベーション前提で購入。施工会社の秀建（https://shuken-renovation.jp/）に依頼し、白澤さん主導でデザイン・プランニングを実施。／東京都渋谷区在住／約100㎡／ご主人、Iさん（50歳）。ライター・エディターとして雑誌VERYをはじめ多方面で活躍する貴子さん（38歳）、Sくん（7歳）の3人家族。

1. ツリーはインテリアに合わせて白とシルバーで統一。シャンデリアはソネチカで。2. 前の家から愛用している電気式の暖炉がリビングの中心に。白レザーのチェスターフィールドソファも長く愛用。暖炉まわりから天井のメダリオン、モールディングもすべて白澤さんがデザイン。床はオーク材の浮造り。壁や天井はFARROW&BALLのペイントでニュアンスのある白からグレーのグラデーションに塗布。

キッチンで使う台拭きや雑巾はグレーで統一し、アイランド下の引出しに（1）。平日の夕食や朝のお弁当作りもご主人が担当。「私は洋食やおもてなし料理担当です」と白澤さん。この日はキッシュとバスク風煮込みを白澤さんが、ご主人がサラダを。白い器はアスティエ、撥水性のあるテーブルクロスはLA GALLINA MATTA（2・4）。白を基調にしたキッチンはアニーズキッチンにオーダー。横にはパントリーを設置し、冷蔵庫や食器なども収納。壁はグレーにし、収納グッズも白やグレーで統一（3・8）。トイレにも真鍮の水栓を設置。洗面カウンターの壁はサンワカンパニーのモスグリーンのタイル（5・6）。乗馬は息子さんとの共通の習い事。休日はテラスで一緒にブーツ磨きも（7）。

玄関横には靴のまま入れ、仕事の打ち合わせもできるスペースを作りました。壁はシックなパープルにペイント。部屋ごとの扉には、影響を受けたチャップリンやエジソンなど偉人の誕生日に家族の記念日と、白澤さんにとって意味のある数字を付けています（1・3）。子供部屋横が白澤さんの仕事スペース。息子さんとお互いの気配を感じながら、仕事・勉強に打ち込める程よい距離感です。白澤さんはバランスボールに座り、体幹を鍛えながら仕事をするというストイックさ（2）。最近の週末は、息子さんと乗馬クラブに行くことが多いとか（4）。廊下の床はヘリンボーン張り。片側には扉付きの収納を設け、本棚や洗濯機置き場になっています。玄関の鏡は1870年代のもので三宿のザ・グローブで購入（5）。

白澤さん専用の広々としたクローゼット。収納家具はイケア、真鍮のシャンデリアはPoint No.39で。引出しには下着、ベルト、スカーフ類などをアイテム別に収納し、ラベルはフランス語で記入。コレクションしているヴィンテージワンピースを掛けたハンガーラックの下には、アクセサリーやサングラスを（1・2・4）。私服コーディネートを組んでその場で写真が撮れるようにトップスとボトムスの位置にフックを設置。アイロンを掛ける台まで設置し、洋服にまつわる作業はすべてこの部屋で完結するように（3）。玄関横にはウォークインのシューズクローゼットを作り、家族の靴や乗馬グッズを収納。白澤さんの靴は色別に並べています（5）。玄関には扉付きの鍵収納を確保。前の家での反省点から生まれたアイデアだとか（6）。

1

2

3

4

5

6

Shirasawa's favorite collection

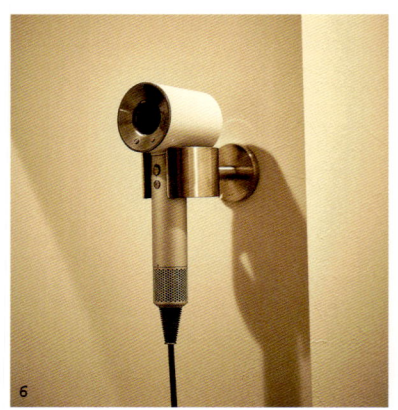

自分でデザイン、調達もし、原点となるパリで出会った理想の空間を実現

白澤さんのインテリアの原点は、パリ留学時代に暮らしたアパルトマンや訪れた友人の家。リビングの中心に暖炉があり、壁や天井には美しいモールディングが施された……そんな空間です。思い描く姿を実現するために自らデザインをし、パーツや家具類を調達。白・グレー・真鍮色を基調に、黒いスピーカーのネットさえも張り替えた徹底ぶりです。1.廊下の壁に付けたブラケットは、ベース部分が真鍮のものをと目黒通りにあるPoint No.39にオーダー。奥行き寸法を小さく、シェードはグレーに。2.息子さんの1歳の誕生日に、ジェオグラフィカで購入したアンティークの子供用ロッキングチェア。3.キッチンのタッチタイプの水栓も真鍮色にこだわり、デルタ・フォーセットカンパニーのキッチンフォーセットを選択。洗剤をビルトインでセットできるディスペンサーも設置。4.レザーなのに洗える優れモノのマットは、青山のスパイラルマーケットで。5.バスタオルはタオルハンガーを縦に2つ設置し、そこに挟んで収納。タオルはテネリータを愛用。6.洗面台横の壁の頭の高さにblomusのドライヤーホルダーを設置し、ダイソンのドライヤーを掛け、ハンズフリーで乾かせるように。「忙しい我が家には最適です(笑)」。7.ドアノブに掛けたディプティックのFIGUIERは大好きな香り。8.毎年限定で発売されるスワロフスキーのクリスマスオーナメント。ご主人がその年にあった出来事を箱の裏に書いてくれ、それを見ながら飾り付けをするのが楽しみに。9.家族の誕生日や記念日ごとに白澤さんのお母さまが贈ってくださるバカラのグラス類も大切な宝物。ご夫婦でお酒を飲む時や来客時に、毎回ここから好きなグラスを選ぶのだそうだ。

大きな出窓から陽射しがたっぷり入るリビング。「できるだけ天井を高く」とむき出しにした梁に、ヴィンテージマンションの風情が残ります。ソファとランプはイケア。ソファは息子さんが飛び跳ねなくなったら、買い替える予定。

優先順位を付けて
LDKを心地よく
陽射したっぷりで
気分まで前向きに

コンクリートのように見えるカウンターは、システムキッチンをモールテックスという素材で覆って仕上げたもの。白タイルは手頃なもの、アクセントに入れた黒タイルは輸入物のSUBWAY CERAMICSとメリハリを付けて。奥のガラスブロックはご主人がこだわり、エルメス銀座店の外壁と同じものを探したそう。

「この家はすべての部屋に窓があるんです。明るいとそれだけで気持ちがいいし、やる気になる。気分がこんなにも違うんだと日々実感しています」と志津奈さん。前の家はよくあるマンションの間取りで、窓も一面にしかなかったそう。ご主人も深く頷きながら「独身の時に、一度めちゃくちゃ暗い部屋に暮らして、よくわかりました。この家を気に入った理由は陽当たりの良さと、テラスが広いところ」と言います。エディター・ライターとして、雑誌VERYをはじめ多方面で活躍する志津奈さん。程よいさじ加減でモード感をプラスした抜群のファッションセンスと、3人の子を持つ主婦としての地に足のついたオシャレなライフスタイルがたくさんの支持を得ています。彼女が、カメラマンとして大活躍のご主人とお子さんたちと暮らすのは、築40年近いヴィンテージマンション。物件の購入から設計までを、リノベ不動産に依頼してフルリノベーションをしました。予算内で自分たちのやりたいことを最大限実現するため、悩んだ末に決断したのは、5人家族が集まるLDKを充実させること。できるだけ広く、素材や内装もなるべく妥協せず、その分個室は最小限にとメリハリをつけました。中でも志津奈さんがこだわったのはオープンキッチン。「朝、お弁当を作りながら、バラバラに出かけていく家族にカウンターで朝食を出したかったので。大家族なので大容量のミーレの食洗機も外せません

でした」。一方ご主人がこだわったのはフローリングの質感だったり、ガラスブロックの種類などのディテール。「結果として、キッチンにかなりの予算を持っていかれちゃいましたけどね。でも家に長くいる人が快適なのが一番だから」と笑います。実際にできてみたら、息子さんはもちろん、年頃の娘さんたちも何か話したいことがあると自然とカウンターにやってくるそう。「子供の年齢が高くなるほど、そんな時間が大切。オープンキッチンにして良かったと改めて思いました」とも。ファッション同様、インテリアもフェミニンなものが苦手という志津奈さん。「私1人だったら、家全体がもっとモノトーンの冷たい感じになっていたのかも。主人が絶対に木の床や木のテーブルがいいと主張して。2人で作ったからこそ、温かみもある、居心地の良い感じに仕上がったのだと思います」。

高橋志津奈邸 Data

同じ区内のメゾネット式の賃貸マンションに暮らした後、フルリノベーション前提で築約40年のマンションを購入。物件購入・設計・施工はリノベ不動産（https://beat0909.com）に依頼。／東京都目黒区在住／130㎡／カメラマンのご主人・西崎博哉さん（39歳）、エディター・ライターとして雑誌VERYをはじめ多方面で活躍中の奥さま・志津奈さん（40歳）、長女（19歳）、次女（14歳）、長男（5歳）、愛犬モカの5人＋1匹家族。

玄関からシューズクローゼット、パントリー、キッチンへと繋がる裏動線は志津奈さんのアイデア（1）。設計途中でトイレに収納がないことに気づき、洗面ボウル下に棚を設置（2）。リビングの床は床暖房対応の積層材。足に触れる最上層をウォルナット無垢材に（3）。次女の部屋は本人のリクエストで壁の一部をネイビーに（4）。夫婦の寝室も一面だけブルーグレーに塗布。壁のランプはジェルデ（5）。LDK横に作ったスタディルーム。まだ個室のない長男をはじめ、家族が並んで勉強・仕事ができます。本棚はアムス テーブル＆チェアーズにオーダー（6）。ご夫婦のクローゼット。見やすく出し入れしやすい奥行き浅めの収納に（7）。ミーレの食洗機の高さに合わせてシステムキッチンを底上げし、愛犬のためにガードも設置（8）。

5人家族の朝は大忙し。広々としたパウダールームには、並んで使える大きな洗面ボウルと鏡を付けました。鏡は両端の裏側を収納に。洗面台もモールテックスでラスティックな仕上がりに。

「収納は苦手。なるべく隠したい」とタカラスタンダードのシステムキッチンの上に、オーダーでスライド式の観音扉を付けた収納を作りました。使用時は開けたまま、来客時にはサッと閉めればOK。

玄関を入り、ガラスブロックに囲まれた黒い扉を開けるとLDKが。ダイニングテーブルはtoolboxで購入した古材を使用したもの。ペンダントランプはP.F.S. PARTS CENTERで。

Takahashi's favorite collection

インテリアはもちろん、機能面でもストレスのない理想の仕上がり

シンプルながらエッジの効いた素材を選び、モダンに仕上げたインダストリアル系のインテリアもさることながら、主婦歴の長い志津奈さんならではの工夫も随所に見られる家。玄関からシューズクローゼット、パントリー、キッチンに抜ける裏動線に沿った収納や、キッチン横の壁裏に食器棚を設置するなど、使い勝手、機能性もよく考えられています。

1．水道管とエジソン球を組み合わせたランプ。白熱球の温かみのある光がキッチンカウンター上を柔らかく照らします。Point No.39で購入。2．シンプルで見やすい時計を探し、シボネで見つけたLEFFのデジタルクロック。3．「忙しかったり、疲れていると無性に花を飾りたくなる」と志津奈さん。フルール・ユニヴェセールは花だけでなく好みの花器も揃うとか。4．「pow_green（Instagram）さんとの出会いがきっかけで集めはじめた多肉植物。

忙しい私にはぴったりで、大きな鉢に寄せ植えしたものが特にお気に入りです」。5．5人家族の洗濯物が入る大容量かつスタイリッシュなランドリーボックスを探し、ついにアマゾンで発見。ダルトンのチェストの横が定位置です。6．友人に頂いたのがきっかけで訪れた碑文谷の宙で、同じ作家の大きさ違いの皿を購入。奥絢子作の輪花皿。7．「やっぱりよく使うのはこの鍋。初めに白を、次に黒を買いました」というル・クルーゼ。シンプルな料理でも美味しく仕上げてくれるから手放せません。8．塗りのお椀が欲しくて探していた時に、伊勢丹の食器売場で偶然見つけたもの。お味噌汁はもちろん和のスイーツを盛り付けることも。9．テラスのベンチに付けたTemporary backrest。テラスでタバコを吸う時用にとご主人が探し、W%で発見。

chapter

2.

apartment renovation

マンションのリノベーションで
自分たちらしく暮らす

家に自分たちの暮らしを合わせるのではなく、
自分たちの暮らしにぴったりとフィットする家を手に入れる。
当たり前のことのようで、実はなかなか難しいこと。
そんな当たり前を望むVERY世代にとって、
リノベーションは自然な選択です。
世界にたった一つのオリジナルの家を目指して……。

リノベーションで
さまざまな「ゆとり」と
家族が繋がっていられる
空間が実現

玄関からキッチン&洗面所を経て、陽射しが差し込む明るいリビングダイニングへと続きます。床材を変えることで、ヨーロッパのアパートによくある中庭を通って家に入るような雰囲気にしたそう。玄関と水まわりの間は梁を生かし、壁をアーチ形に切り取りました。

永谷さんがリフォーム前提で購入したのは、昭和の面影が残る、緑の多いのびのびとした敷地に、ゆったりと建てられた団地の一室。それまでは新築で購入した分譲マンションに暮らしていました。「ある日、夫から『もっとゆとりのある生活をしませんか？』と提案されまして（笑）」と奥さま。築32年の中古住宅をリノベーションして住むことで、金銭面ではもちろん、空間面などいろいろなゆとりが生まれました。さらに「月に1度、敷地内のお掃除をするので、以前のマンション暮らしではなかったご近所付き合いも増えました」という嬉しいおまけも。リノベーションはブルースタジオに依頼することに。本連載の切り抜きを手にリクエストしたのはシックなフレンチスタイルです。永谷さんご夫婦は大のフランス好き。結婚式もパリ郊外の教会で行い、ご主人は「娘がフランス人と結婚してくれたら!?」と願っているほどだとか。ブルースタジオからの提案で、ヨーロッパのアパートのように外から中庭を通過して家に入るイメージで、玄関をコンクリートに、水まわりをタイルに、リビングダイニングをフローリングにと床材を変え、アプローチするプランになりました。廊下がない分、それぞれのスペースがゆったりと配置されて、広々とした豊かな空間になっています。掃除好きな奥さまは「ピカピカの新築マンションでは、汚れたり傷が付くのが怖くてヒヤヒヤしていましたが、この家は傷も味になるようにつくってもらったので気が楽になりました」とも。以前のマンションは廊下の両側に個室が配置され、LDKの扉を閉めてしまうと家族が何をしているかわからなかったのが、この家では、家族の気配がつねに感じられる点も気に入っているのだそう。

入居後数カ月でご主人が海外に単身赴任することになり、現在は母娘で暮らす永谷さん。週末はご両親や友人が遊びに来ることも多く、この日も卒園間近の幼稚園で一緒だった友人母娘がお手製のお菓子を持って遊びに来てくれました。大きなダイニングテーブルが一気に賑わい、楽しいお茶の時間が始まります。この家はこんな豊かな時間をはじめ、さまざまな意味での「ゆとり」をもたらしてくれているようです。

永谷邸 Data
新築分譲マンションに数年暮らし、そこを売却して築32年の団地を購入。フルリノベーションをして入居。リノベーションはブルースタジオ（http://www.bluestudio.jp/）に依頼。／神奈川県横浜市在住／97.38㎡／海外赴任中のご主人・圭介さん（38歳）、奥さま・美由紀さん（39歳）、紗友里ちゃん（6歳）の3人家族。

1. 土間のように広々とした玄関。ラグはシャンブル ド ニーム、オットマンはkinoで購入。奥にはご主人の書斎があります。2. キッチンの横に洗面・バスルームが配置され、家事動線もスムーズ。ダイニングテーブルに合わせ、ベンチもオーダーで製作。

1

2

リビングにはチェストやFoundのアームチェアを置いたコーナーを（1）。キッチンは造作で、食器を置いた棚の奥がパントリー（2・8）。1.2×1.5mのダイニングテーブル。天板はオーク材でキッチンのカウンターに繋げても、離しても使えます（3）。子供部屋の壁は2面をピンクに塗り、オルネド フォイユのカーテンやkinoのチェストで可愛らしく。洋服ラック横のクマは、VERYで見ていたものを偶然伊勢丹で見つけ購入（4・5）。子供部屋の向かいにはご主人と娘さんが並んで使えるスタディコーナーを設置（6）。バスルームの大きな引き戸を開けると棚が。写真立てやキャンドルを並べ、白とシルバーで統一（7）。インテリア好きでレイチェル・アシュウェルやWAKOさんの本を愛読（9）。

Nagatani's favorite collection

まるでフランスのアパルトマンのような、大好きなフレンチシックなインテリアに

新築分譲マンションではできなかった、レイチェル・アシュウェルの『シャビーシック インテリア』の本や、Bonpointのショップのようなフレンチスタイルのインテリアをリノベーションで実現。家族が孤立せず、繋がっていられる間取りも手に入れました。本連載を家づくりや小物購入の参考にしてくださったそう。VERY世代にとっての家が新築至上主義から、自分たちらしいライフスタイルのための器へと、確実にシフトしているのを感じます。
1. 味わいのある古いチェストはシャンブル ド ニームでひと目惚れをし、リノベーションが完成する前に購入したもの。**2.** WAKOさんのインテリアセンスに憧れ、Weekend by KOKOROで購入したイニシャルオブジェは玄関の棚に。**3.** キッチンに3つ並べて付けたのは、flameのホウロウ製ランプ、galette enamel。デザイナーに教えてもらい、ご主人がネ

ットで見つけたのだそう。**4.** シャンデリアは以前のマンションでも使っていたローラ アシュレイのもの。奥さまがリボンと木の実でカスタマイズし、この家ではダイニングのランプとして愛用。**5.** 子供服だけでなく、ショップ全体の世界観が好きだというBonpoint。二子玉川のショップで見つけたうさぎのランプは子供部屋のイケアの机の上に。**6.** 三宿のアンティークショップ、ザ・グローブで出会った鳥かごにヒヤシンスをあしらい、キッチンの棚に。**7.** おもてなしの時などに紅茶を淹れるポットとして活用しているのは、ネットで見つけたアンシャンテの南部鉄器カラーポット。**8.** 可愛らしいローラ アシュレイのランプは子供部屋にぴったり。**9.** Weekend by KOKOROに併設されたカフェで使われていたカップ&ソーサーが飲みやすく、デザインも気に入って、自宅用に購入。

子供がいても妥協せず
ディテールにこだわり
好きを積み重ねた
インテリア

THE POP SHOP

リビングの一画に設けた子供たちのスペース。骨組みとなる白樺は床に打ちつけ、そこにH.P.DECOなどで購入した布をかけてテントに。スペースを囲むようにアンティークのリンゴ箱を並べ、本棚として活用。まるで秘密基地のような子供たちの大好きな遊び場となっています。

キッチンは奥さまが描いたスケッチどおりに、板目の向きまでそのまま再現してもらったそう。天板はモルタル、シンクはホウロウ製。「ここにいる時間が好き」と奥さま。

向かって左の、奥さまのワークスペースとリビングとの間仕切りは「子供の様子を見ながらPC作業ができるよう」ガラスに。床材は店舗などで土足用に使われるオーク材。

天井の高いのびやかなリビング。ソファはアクタスのマスターウォール。チェストとコーヒーテーブルはジャーナルスタンダードファニチャーのもの。

CRUSH CRASH PROJECTで購入した幅2m50cmの大きなダイニングテーブルを囲んでのランチ。
一つずつ異なる椅子は昔から少しずつ集めてきたもの。

「この照明は最後に、家が竣工してから全体のイメージやバランスを見て作ろうということになって……」。とはダイニングテーブル上の照明の話。奥さまがCGで作成したイメージ画像をもとにあらかじめスチールの枠組みを作り、現場で本物の枝やフェイクグリーンをあしらって手作りで完成させたのだとか。このエピソードからだけでもただならぬこだわりが伝わってくる小野邸は、ほんの1年前に完成したばかり。ずっと長く暮らしているかのような佇まいと、一瞬日本ではないような錯覚を覚える大らかな空間、インテリアの完成度に目を見張ります。ご夫婦がフルリノベーション前提で購入したのは築10年弱のマンション。「ベランダからの眺めと、3.5m近くある高い天井が気に入りました。震災もあって、家を買うなら私の勤務先にも保育園にも徒歩で通える場所にと思っていたので」と奥さま。「自分たちの好きなテイストが理解してもらえそう」と設計をお願いしたのは、ネットで見つけたゆくい堂です。「ピンタレストで海外のインテリア画像から好きなスタイルを集め、イメージを伝えました」。好きなイメージだけでなく「これはナシ！」というボードも作ったことで、設計担当者とのやりとりでの微妙なニュアンスがよりクリアになったと言います。ベースとなるのはインダストリアルスタイル、そこにもともと好きだったフレンチスタイルや、ミッドセンチュリーモダンの家具をミックスしたインテリア。昔から家具も雑貨も好きというご夫婦が、妥協せずに少しずつ集めたセンス溢れるものたちが、それぞれに場を得て、絶妙に調和しています。小さな子供が2人いて……という生活からは想像できないスタイリッシュな空間は、実は裏動線にある大きな収納スペースによって支えられていて、そこには洋服や靴、本などが整然と並んでいます。

週末の土曜日は子供の習い事、日曜日は家族揃ってインテリアショップやカフェに行くことも多いという小野さん。旅先でもアンティークショップをチェックしたりと、ご夫婦で好きなものを一緒に楽しむ姿が印象的。そんな小さな楽しみの積み重ねによって育まれている、賑やかながらもとびきりカッコよくて美しい、豊かな暮らしです。

小野邸 Data
結婚後、賃貸マンション暮らしを経て、2005年築の中古マンションを購入し、ゆくい堂（http://www.yukuido.com/）にフルリノベーションを依頼。2014年9月入居。／千葉県千葉市在住／95.58㎡／会社員のご主人・敦史さん（34歳）、ウェブデザイナーの奥さま・奈々さん（33歳）、ゆうくん（5歳）、りくくん（2歳）の4人家族。

子煩悩なご主人。リビングのアーティスティックな照明はイメージ画像を参考にご主人主導で作ったもの（1・8）。ランチはキーマカレーとスープ、野菜のグリルなど（2）。植物はGREEN FINGERSやLUFFで（3）。インドの古材を用いた幅広の重厚感溢れる扉の向こうはベッドルーム。クローゼットとの間仕切りにしている板張りのパーティションは可動式で、将来はここを2部屋に仕切って子供部屋にする予定（4）。キッチンの壁には食器を見せて収納する棚を（5）。バスルームの鏡はイメージを伝え、ゆくい堂に製作してもらったもの（6）。ランタン型のタイルと壁の色合わせが絶妙なトイレ（7）。コーヒーを淹れるポットは奥さまがプレゼントしたカフェ ディモンシュのオリジナル（9）。

家の真ん中にあるバスルームは、スチール枠のデザインからシャワーの配管までとこだわりが凝縮。アメリカのインテリアデザイナー、ローマン&ウィリアムスの施工例などを参考にしたそう。

玄関に置いたチェアは夫婦でお気に入りのバザー・エ・ガルド・モンジェで購入。ご主人が最近コレクションしているキャップを壁に。ランプはジェルデ社のもの。

奥さまのワークスペースは花柄の壁紙を貼り、昔から好きなちょっぴりガーリーなフレンチスタイルに。木製の机は前の家でダイニングテーブルとして使っていたもの。

Ono's favorite collection

成功の秘訣は、好き・嫌いの情報をビジュアル化し、共有したこと

「インテリアはブティックやカフェを参考にすることが多く、好きなのは蔵前にあるカフェ、Nui.のインテリア」と小野さん。微妙なニュアンスを伝えるためにインテリア画像の共有だけでなく絵やCGを描き、3カ月にわたる設計・仕様決め期間を経て家づくりをしました。子供がいても、自分たちらしさを貫き、心地よく暮らす知恵と工夫が詰まっています。**1.**デザインはもちろん「鉄製なのに重すぎず使いやすいところもお気に入り」と言う成田理俊さんのフライパン。**2.**ご主人は大のコーヒー好き。ハリオのドリッパーにKŌNOのポット、ドーナツドリッパーなどコーヒーの道具類を入れた箱をキッチンの隅にセット。**3.**子供の保育園関連のプリントは、沖縄のインディゴで見つけたアンティークのメモパッドに挟んでキッチンの壁に掛けています。**4.**旅先の沖縄旅行で立ち寄ったシカゴ・アンティークスではバスルームに置くワゴンも購入。**5.**掃除機でおなじみのマキタが工事現場用などに販売している充電式ラジオ。無骨でスタイリッシュなデザインで、スマートフォンやプレーヤーの音楽も再生できる優れモノ。**6.**選りすぐりの好きなものが詰まったキッチンで、ひときわ存在感を放つのがシンプレックス社の美しいケトル。100年以上続く老舗メーカーが誇る、made in UKのアイテムです。**7.**アートディレクター平林奈緒美さんが手掛けるウェブショップGENERAL VIEWで購入したコンテナとバケツ。コンテナには子供たちのお菓子などを収納しています。**8.**今や入手困難な鹿児島睦氏の器も昔からコレクション。**9.**長男が自分で選んだ自転車はピンク色!ご主人のブラック一色の自転車とお揃いのtokyobikeで。

完成後もDIYで
住みながら手を加え
終わりのない
家づくりを楽しむ

もとはリビングの収納だったスペースを利用して、ご主人のワークスペースと本棚に。黒いポスターはRIVERGATE。木製のガゼルはご主人が白く塗ったもの。額縁もご主人作のものが混在。右下に置いたのはキャンプで使うスタイリッシュなクーラーボックス。

駅近の見晴らしのよいマンション。玄関からリビングダイニングを抜けると現れたのはなんとDIYルームです。自宅に専用のスペースを作ってしまった川成邸のご主人の趣味はもちろんDIY。休日ともなると、ここで日がな一日何かしら作っているのだとか。「賃貸マンション暮らしの時はバスルームで作っていました」と笑うご主人。自宅マンションのリノベーションにあたっても、自分たちの手でできる限りのことをしたと言います。引き渡し後、約1カ月をかけて家じゅうの壁にペンキを塗り、洗面所やトイレにタイルを貼り、DIYルームの床を貼り……と仕事のない週末ごとに作業を進めました。川成邸のリノベーションの予算は500万円。設計事例が気に入って訪れたフィールドガレージは、施主が家づくりに積極的に参加することを前提に、予算内でのリノベーションを快諾してくれました。「主人の家族もペンキ塗りを手伝ってくれたり、トイレのタイルの貼り方などは設計の方に教えてもらいながら進めました。とても楽しい経験でした」と奥さま。入居後も少しずつ手を加え、つい最近は予備室のフローリングを貼り終わったところだとか。暮らしながら、例えば「キッチンのガスコンロの上に照明が必要だね」などと今も続く家づくりの作業は、ご主人の趣味の延長上にあり、楽しみにもなっている様子です。実は奥さまは人気インテリアショップ、アクタスにてマンションのモデルルームなどの設計を担当するプロ。なのに「この家のインテリアは主人のテイストです。主人のやりたいイメージを2人でピンタレストなどから拾いながら依頼しました。私が口を挟んだのは洗面所とトイレのタイルの色くらいかな。もちろん私も気に入っていますが、もう少し柔らかいフレンチっぽい感じも好きです」と奥さま。仕事で好きなインテリアを表現できているからこそ、自宅はご主人に任せたという優しさが感じられます。休日は、ご主人がDIYをしている間、奥さまはソファで写真のスクラップなどに没頭し、ご飯は必ず2人で作るそう。暮らしの楽しみを見つけ、分かち合える仲の良い姿がとても印象的なご夫婦。楽しみの一つである、家づくりもしばらく続きそうです。

川成邸 Data

賃貸マンション暮らしを経て、ご夫婦の職場の真ん中あたりのさいたま市にある築23年の中古マンションを購入。フィールドガレージ（https://www.fieldgarage.com/）にフルリノベーションを依頼し、2014年7月入居。／埼玉県さいたま市在住／89㎡／会社員のご主人・慶太さん（32歳）、アクタス（http://www.actus-interior.com/）勤務の奥さま・瑛梨奈さん（34歳）の2人家族。

1. ダイニングテーブルはアクタスで購入。椅子はイームズのファイバーグラスチェアやマルチプルズチェアなど1脚ずつ異なるものに。床は既存のフローリングの上に味わいのあるチェスナット材を貼って。**2.** ソファは黒磯のROOMSで購入したSWITCHのもの。コーヒーテーブルはアクタス。植物を置いた棚はご主人が製作。

1

2

この日のランチはオープンサンドやアヒージョ、サラダなど(**1**)。DIYルームの壁は構造用パネルのOSBボード。ご主人のベース、奥さまのギターとカリモクのチェアを置いて(**2・5**)。2人で料理できる広々キッチン。カウンター前面にコンクリートブロックを用いたのはご主人のアイデア。壁は1面だけグリーンに塗り、足場板で棚を製作。アイアンバーにはパエリア鍋やツールを下げて見せる収納に(**3・4**)。洗面のタイルはグレイッシュなニュアンスカラー。洗面ボウルはヴィトラ、鏡はイケア(**6**)。葉を根付かせたり、多肉植物の栽培も趣味(**7**)。ベッドルームに置いたパシフィックファニチャーサービスのラックにはご夫婦の洋服やバッグが。2人揃ってブルー・茶・グレーの服ばかり(**8**)。

Kawanari's favorite collection

リノベーションを趣味の延長として楽しみ、予算内で見事完成

インテリアはご主人好みのコンクリートブロックや構造用パネル、モルタルの床などが用いられた少し無骨で男っぽいテイスト。そこに観葉植物や家具・小物が加わり、川成さん夫婦らしい色に仕上げています。予算内で収めるため、家づくりを趣味の延長として楽しんでしまうご夫婦の姿に、工夫と考え方次第で可能性はいかようにも広がる！と実感。1.お米を入れたジャーはダルトンのものでB-COMPANYで購入。2.ご主人のワークスペースのウォールランプは自由が丘にあるインテリアショップ、RIVERGATEにて。3.洗面所の水洗金具は、水垢が付きにくくお掃除しやすい壁付けをリクエスト。設計担当者がすすめてくれたカクダイの2ハンドル混合栓は、スタイリッシュながら比較的リーズナブル。4.トイレットペーパーホルダーやタオルハンガー、キッチンのツールバーなどアイアンのアイテムは、ネットショップJunk&Rustic Colorsで購入。5.夫婦それぞれで愛用している貯金箱は、幸せを呼ぶと言われる陶器製のフクロウ。OWL BANKは以前にアクタスで購入。6.シンク下に置いた脚で開閉するゴミ箱、ペダルビンもJunk&Rustic Colorsにて。ブリキ製で写真のグリーンとアイボリーの計3つを並べて分別。7.ご主人も料理好きで夫婦揃って料理をするという川成さんが選んだのはリンナイの4つ口のガスコンロ。やかんは野田琺瑯。8.夫婦色違いで愛用しているビルケンシュトックのルームシューズ、AMSTERDAM。9.あえてデザインの異なる4脚を選んだダイニングチェアの中でも一番のお気に入りが北欧のヴィンテージ家具、イルマリ・タピオヴァーラがデザインしたファネットチェア。

限られた空間だから
家族みんなが
好きなものを
一つずつ丁寧に選ぶ

晴れた日は冬でも暖房なしで過ごせる
温かなリビング。奥はベッドルームで、
折り戸を閉じれば間仕切りできるよう
になっています。ハンモックにブランコ
まである楽しい空間。ブルーの扉部分
の内側は、奥行き60cm以上の大容
量の収納に。革張りのアームチェア
はご主人から奥さまへのプレゼントで、
ロイズ・アンティークスで購入。

「型枠を外すまでドキドキだった」という存在感のあるモルタルのキッチン。バックカウンターや棚はコクヨのキャビネットに合わせてブルーに。

「″家族みんなが好きなもの″に囲まれて暮らせる家を目指しました」。店舗などを数多く手がけるご主人が、家族のために設計した自宅のコンセプトは実にシンプル。家族が好きなものとは、アンティークやヴィンテージの家具・小物、ブルー、本当は庭が欲しいけど都会では難しいから広いテラス……などなど。そもそもデザイナーと医師という異業種の2人が出会い、結婚したのも奥さまが大のデザイン好きだったからだとか。「僕より好きですよ」とご主人が笑います。週末にはインテリアショップをのぞいたり、長い休暇には海外のホテルやギャラリー、ショップを巡るのが夫婦共通の楽しみなのだとか。この家は奥さまがリクエストした色や間取り、夫婦で選んだヴィンテージの家具や扉などをご主人が上手く組み合わせ、絶妙なバランスでまとめられています。同じブルーでもコクヨのキャビネット、収納の扉、子供部屋の壁、スエードのカーテンと微妙に異なるトーンを重ねたり、ヘリンボーン張りのフローリングの一部を黒く塗って模様にする。扉にはさりげなく記念日を記す、などいたるところに細やかなこだわりと遊び心が凝縮され、さすが！と唸ってしまいます。フルリノベーションにあたり、まず手がけたのがキッチンでひときわ存在感を放つモルタルで作られたアイランドカウンター。スタイリッ

シュなだけでなく「カウンターが高く、作業台も広いので使い勝手も抜群」と奥さまのお気に入りの場所になっています。「昔から料理やお菓子作りが好きで、週末には人を招くことも多い」という奥さま。毎週、実家近くの友人が営む農園から新鮮でとびきり美味しい野菜を取り寄せ、野菜嫌いな息子さんのため、家族の健康のためにと日々の食事作りは欠かしません。仕事との両立で忙しいにもかかわらず、帰宅後15分で夕ご飯が食べられるよう、前夜か朝に必ず下準備をして出勤しているのだとか。「食器も家具も統一せず、好きなものを一つずつ選んで買うようにしています。限られたスペースを有効に使いたいから、TVや炊飯器など私たちにとって優先順位の低いものは置いていません」とも。大切にしたいことを貫き、心地よく暮らすには、時にそんな潔さが必要なのかもしれません。

尾崎邸 Data

賃貸マンション暮らしを経て、築40年以上の中古マンションを購入。ご主人が設計し、リノベーションをして2014年に入居。／東京都目黒区在住／102㎡／店舗などを多数手掛けるBaNANA OFFICE（http://bananaoffice.jp/）代表でアートディレクターのご主人・尾崎大樹さん（40歳）、医師の奥さま・由美さん（35歳）、一樹くん（2歳）の3人家族。掲載後第二子が誕生。

古いものを愛する尾崎さんご夫婦。コーヒーテーブルはロイズ・アンティークスで見つけた亜鉛天板のヴィンテージ。ご主人の一番のお気に入り、ザ・グローブで出会ったフランスの古い扉はLDKの入口に（1・2）。ベッドルームの折り戸に記したのは引っ越してきた日で、息子さんの誕生日（3）。28㎡の見晴らしのよいテラスからは富士山も望めます。植物を育て、夏にはプールも（4）。TVはなく、子供のアニメなどは壁に映して見ています。ソファはイギリスのHALO（5）。黒＆ベージュでまとめたスタイリッシュな洗面・バスルーム（6・7）。角部屋で窓の多いマンション。既存の壁の内側にさらに壁を立て、木製枠の窓を設置。壁のアートは旅先のポートランドで出会ったもの（8）。

息子さんのお昼寝中に夫婦でランチ。ダイニングテーブルはCOMPLEXで購入した脚に天板を載せて製作。ダイニングチェアやペンダントランプはヴィンテージ。奥の子供部屋の壁は上半分をガラスにし、気配が感じられるように。

子供部屋の床には星が埋め込まれています。中目黒のセレクトショップで購入したティピを置き、天井からはガーランドやモビールを吊るして。

玄関を入ると右側がバスルーム、正面が子供部屋、左の壁一面が大容量の収納になっています。玄関のたたき、上がり框、廊下の素材選びもさすが。

子供部屋の壁は1面だけ黄色に塗り、ボルダリングのホールドを設置して、息子さんがウォールクライミング。遊び心に溢れた可愛らしい子供部屋。

ベッドのスローはシアトルで購入。フロアランプは奥さまが独身時代から持っていたSimon Jamesのデザイン。

Ozaki's favorite collection

テラスと室内を繋げた大空間に、心地よさとスタイリッシュさが共存

庭の代わりになる広いテラスや、窓が多く明るいことが気に入って選んだヴィンテージマンション。リベーションでテラスと室内の床レベルを合わせ、内外が一体となった大空間が実現しました。奥さまの好きな「ちょっと男っぽく、褪せた感じ」、ご主人の好きな植物、夫婦揃って好きというクラシックなもの、すべてがミックスされたスタイリッシュな家です。1．ダイニングチェアとして愛用している、ベンチシートは、デモデ・ファニチャーのインダストリアル レザー ベンチ。2．ダイニングの天井に付けた時計は、COMPLEXで購入したヴィンテージ。駅などで使われていた、両面に文字盤のあるドイツAEGのrailroad station clock。3．ネイビーの革張りのチェスターフィールドソファの前に敷いたラグもCOMPLEXで。ヘリンボーン張りの床は一部を黒く塗った模様に。4．子供部屋に飾ったガーランドは、鈴の付いたものを探し、メゾンドリーファーで購入。5．バスルームの水栓金具はすべて黒。レインシャワー、ハンドシャワー、水栓がセットになったドイツのBRAVATのArkシリーズ。6．D&DEPARTMENTで見つけたヴィンテージのコクヨのスチール製キャビネット。これをキッチンの食器棚にとあらかじめスペースを確保。仕切りもあってカップなどの収納もしやすく、奥さまのお気に入り。7．STYLE for LIVING UNITED ARROWSで購入した子供用の机に、P.F.S. PARTS CENTERのパーツを組み合わせたオリジナルの机。椅子のカバーはご主人のお母さま作。8．キッチンカウンター上の大きなペンダントランプはイギリスの照明ブランド、ORIGINAL BTCのもの。9．買ってきた生花をそのままドライフラワーにすることも。こちらはpoint neufで購入したもの。

ガラスの間仕切りは開閉ができ、木製
ブラインドも付いているので、来客時
などは閉めれば空間が仕切れるように。
天井や床の木材、ザックリとした肌触
りのいい麻の張り地のソファと天然
素材に囲まれた心地のよいリビング。
ソファはザ・コンランショップで購入。

インダストリアルと
北欧をミックス
トレンドと心地よさが
共存する大人空間

木製のベッドはフローリング材を一部活用してオーダー。床はサイザルカーペット(1)。コーヒーテーブルはロイズ・アンティークスで購入。ヘリンボーン張りの床には床暖房を設置(2)。パウダールームは黒・グレー・白を基調としたホテルライクな仕上がり。壁や床はヘキサゴンタイル。綿棒やブラシなどはトレイにセット(3・4)。リビングの棚にはイギリスの1950〜'60年代のピコーウェアのティーセットなどを飾って(5)。廊下にはA TWO PIPE PROBLEM LETTERPRESSのポスターとイラストレーターbuggyの作品(6)。玄関を入ると目に飛びこんでくる存在感のある木製扉(7)。ランチは蒸し野菜とリガトーニのボロネーゼ。料理はご主人、盛り付けは奥さまが担当(8・9)。

GOOD
PEOPLE
DRINK
GOOD
BEER

BE MY
ONE
AND
ONLY

「イメージしたのはNYのブルックリンで見られるような
インダストリアルなテイストと北欧テイストをミックスし
たインテリアです。流行のインダストリアルな雰囲気
だけだと若々しくなりすぎるかな?と、北欧テイストも取
り入れ、大人っぽい空間を目指しました」と奥さま。例
えば、寝室とリビングとの間に設けたガラスの間仕切
りも、スチール枠ではなくあえて木製枠に。リビングは
天井も板張りで、カッコいいけれども温もりも感じられ
る、なんとも言えない居心地のよさが漂います。
木村さんご夫婦が結婚後、新居に選んだのは築12
年のマンション。窓の多い角部屋で光がふんだんに
差し込み、見晴らしもよく「入った瞬間、ここだ!と思
いました」。飲食店のプロデュースという仕事柄、常
に国内外の最先端の空間を目にしているご主人。
「暮らすなら、自分たちの好きな空間に」とリノベーシ
ョン前提でマンションを購入しました。家づくりのイメ
ージは設計者とご夫婦がピンタレストで共有し、進め
たそう。「限られたスペースを広々と使いたかったので、
リビングと寝室の間仕切りは壁ではなくガラスにしま
した」。そのおかげで南側と西側の窓からの光が家じ
ゅうにまわり、マンションとは思えない明るさと開放感
が実現しています。インテリアはご夫婦共に好きな色、
グレーを基調にし、ヘリンボーン張りの床や真鍮色の
取っ手、ヘキサゴンタイルなど好きな素材をちりばめ
て、ディテールにまでこだわった仕上がりです。共にク
リエイティブな仕事に携わるご夫婦は、インテリアだ
けでなくアートから器に至るまで、好きなものを共有で
きる仲のよさ。食べることも共通の趣味で、話題の店
を訪れたり、平日は奥さまが和食を中心に、週末にな
るとイタリア料理の元シェフだったご主人が腕をふる
うのだとか。笑顔と会話が絶えない家には、訪れる人
も多く「週末、このキッチンに10人近くが集まって鍋
パーティをしたり、関西から私の友人が来るたびに泊
まってくれたりします」と奥さま。訪れる人をも包み込
む、この家の何とも言えない居心地のよさは、ご夫婦
から漂う穏やかな空気が理由なのかもしれません。

1

2

木村邸 Data
結婚を機に、築12年のマンションをフルリノベーション前提
に購入。設計はduffle(http://www.duffle.jp/)の鈴木さ
んに依頼。2015年入居。／東京都世田谷区在住／77
㎡／飲食店などのプロデュースをするご主人・学也さん(39
歳)、バッグのブランドSŌLI(http://www.solistudio.co
m/)のオーナー兼デザイナーの奥さま・麻里さん(34歳)の
2人家族。掲載後第一子が誕生。

1.週末はご主人がメインシェフとなり、夫婦並んで料理をすること
が多いとか。キッチンは、グレーの扉に黒いカウンタートップ、真鍮
色の取っ手が施されたスタイリッシュな仕上がり。ダイニングテーブ
ル、Yチェア、シェルチェアはザ・コンランショップで。2.TVを置いた
棚やスチール枠の棚は素材などをリクエストし、作ってもらったもの。

Kimura's favorite collection

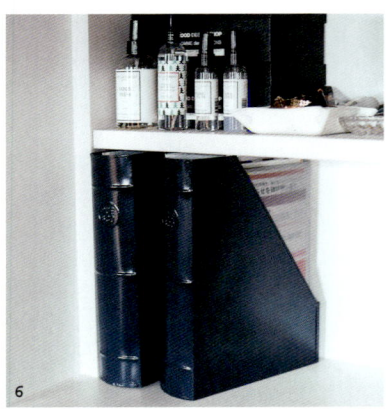

家づくりは話題の店舗やホテル、海外インテリア事例も参考に

エッジーかつ上品なインテリアが、ご夫婦揃って好きだというNYのデザイン集団WORK STEADのHPや、ピンタレストなどを参考にイメージを固めたという木村さん。トレンドの色や素材を盛りこんだスタイリッシュさと、心から寛げる居心地のよさを共存させた、絶妙なバランス感覚にセンスを感じます。今後はテラスの緑化を計画中だとか。

1.話題のバルミューダのトースターは、グレーのキッチンに合わせて限定色のグレーを入手。右は富士珈機の電動コーヒーミル、みるっこ。鮮やかな黄色がキッチンのポイントに。2.スイッチプレートは神保電器のマットなグレーで統一。3.ベッド脇の観葉植物&木製の鉢カバーはSOLSO FARMで。4.ヨーガン レールが手掛けるハウスウェアブランド、ババグーリの竹かごをリビングのゴミ箱として活用。竹を二重に編み上げた美しいデザイ

ン。5.夏に大活躍なamadanaのザ・プレミアム・モルツ マスターズ ドリーム専用ビールサーバー。手前のカラフルな小皿はル・クルーゼのもので、日々の食卓で大活躍。6.スチール製のグレーのファイルホルダーはPUEBCOのもの。7.封筒のような形状のウォールランプはルーメンセンター・イタリアのMAIL。金箔仕上げの鈍いゴールドが、オブジェのように壁を彩ります。8.Amadana Musicのレコードプレーヤーは脚部にスピーカーが内蔵されるなど、配線の必要もなく気軽に楽しめます。「昔のレコードを買って聴くようになりました」と奥さま。9.ご夫婦ともに器好きで、ご主人が出張先で出会った作家ものの器を買ってくることもあるそう。イイホシユミコさんのシンプルなプレートも2人のお気に入り。カトラリーはポルトガルのブランド、クチポールのゴア。

apartment
renovation

Scene No.6

川合邸

リノベ2軒目で手に入れたゆとりあるスペースとゆったりとした時間

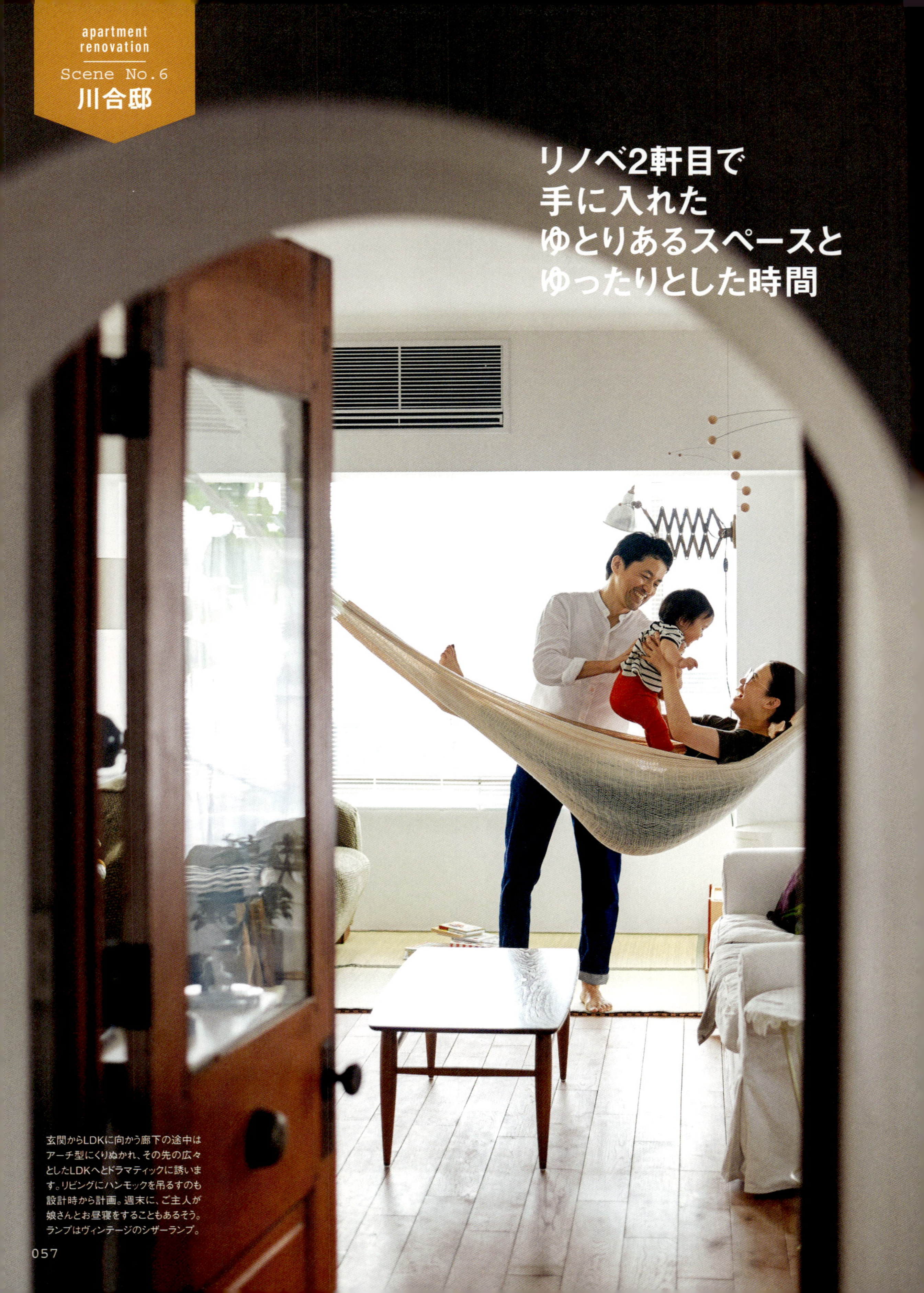

玄関からLDKに向かう廊下の途中はアーチ型にくりぬかれ、その先の広々としたLDKへとドラマティックに誘います。リビングにハンモックを吊るすのも設計時から計画。週末に、ご主人が娘さんとお昼寝をすることもあるそう。ランプはヴィンテージのシザーランプ。

ご主人の朝は早い。5時に起き、窓辺のアームソファに座って、1時間くらい本や新聞を読むのが最近の日課です。「朝の時間を自分のためだけに使おうと思って。始めてみたらいいですね、とても」。窓辺のこの場所は、陽当たりがよく視界も抜け、眺めのよいサンルームのような心地よさ。床に敷いた2畳分の畳の上では、奥さまが娘さんに絵本を読み聞かせ、昼食後のひとときを楽しそうに過ごす姿が見られます。この春から仕事復帰した奥さまは、保育園の送り迎えに、食事やお弁当作りと慌ただしい日々。「平日の昼間は一緒にいられないので、帰宅後は娘とここで遊ぶようにしています」。そんな奥さまをさりげなく、でもしっかりとサポートしているご主人。「平日は主人が娘をお風呂に入れてくれるので、その間に私が夕食を作ります。毎食後の片付けや、週末には掃除もしてくれますし、とてもありがたいですね」とにっこり。

川合さんご夫婦がこの家をフルリノベーション前提で手に入れたのは、友人を呼んだり、家族が泊まりに来たり、子供が走り回っても充分な広い空間が欲しかったから。以前の家はご主人が独身時代に手に入れた50㎡弱のマンションで、ブルースタジオがフルリノベーション。2軒目となるこの家は、広さと立地、そして角部屋ゆえに窓が多く明るいのが気に入って購入を決め、同じくブルースタジオに依頼しました。「古いものや、新しいものでも手入れをしながら長く使うことが好き」というご主人。インテリアは以前の家と同じく白とナチュラルな木がベースとなり、古い家具やこの家のために見つけた古い扉が奥行きと温もりを加えています。奥さまがこだわったのがキッチン。「雑誌で見たローズベーカリーのローズさん宅のような、みんなが集まって料理をしたりお酒を飲めるキッチンにしたいと思いました」。思い描いたとおり、完成後20人近くが訪れた時には、アイランドの周りに自然と人がワイワイと集まり、楽しい時間を過ごしたそう。「今はダイニングテーブルで、晩酌をしながら娘にご飯を食べさせるのが至福の時間です」というご主人の穏やかな笑顔。「そんな言葉、私には思いつかなかったわ!」と笑う奥さまのとびきり素敵な笑顔。そんな笑顔に溢れた、温かい空気が流れる家です。

川合邸 Data

結婚後、ご主人の持つリノベーション済みマンションに暮らす。広さを求め、1軒目と同じブルースタジオ (http://www.bluestudio.jp/) に物件探しとリノベーションを依頼。築45年近いマンションを購入。／東京都目黒区在住／96.03㎡／IT系企業勤務のご主人・信吾さん(48歳)、アパレル会社勤務の奥さま・佐絵子さん(38歳)、長女の晴ちゃん(1歳)の3人家族。

1. 大きな丸いダイニングテーブルはDEMODE10で購入したヨーロッパ製。1脚ずつ異なる椅子はロイズ・アンティークスなどで選んだもの。ゆっくり食事をする時は、丸いスツールに足を乗せてリラックス。2. アイランド型システムキッチンの扉は床と同じオーク材の板張り、天板は黒い人工大理石。壁には白いランタン型のタイルを。

1

2

LDKの古い扉は福生のフジヤマ ファニチャーで（1）。玄関を入るとラグを敷いたモルタル仕上げのゆったりとした土間が（2）。イケアの白いソファ、アクメファニチャーで購入したアメリカ製の古いコーヒーテーブルなどが置かれたLDKは26畳。窓辺のスペースにはアームソファを置き、畳を敷いて（3）。窓のある明るい洗面・バスルームは白を基調にウッドを効かせた清々しい空間（4）。奥さまの30歳の誕生日にご主人が描き、贈った似顔絵（5）。リビングにあるご主人の仕事スペース。椅子は'60年代のもの。スチール製の机はデモデ・ファニチャー、ロッカーはパシフィックファニチャーサービスで購入。自転車、自作のアートや万年カレンダーなどご主人の趣味が凝縮（6）。

Kawai's favorite collection

気に入ったものは長く大切に。デザイン性とストレスなく暮らせる機能性を兼備

アメリカのミッドセンチュリー時代をきっかけに、今では国籍問わず古いものが好きというご主人。家具も車も気に入ったものを長く大切に使う姿が印象的です。2度目のフルリノベーションだけあって、照明からパーツ類までのデザイン上のこだわりや、すっきり暮らせる収納、クローゼットから玄関への動線など、機能性も熟慮された完成度の高い住まい。1.センプレで見つけたティッシュケースFolioは、ティッシュの引出し口が裏表両方にあり、色々な置き方ができるアイデア商品。アッシュコンセプトがデザインを手掛ける+dのアイテム。2.ダイニングテーブル上には、形状の異なるフィラメントの美しいエジソン球を並べて吊るして。ザ・コンランショップで購入。3.窓辺のアームソファに置いたクッションもザ・コンランショップで。4.玄関のウォールランプは、今大人気のNY発のデザインデュオAP

PARATUSによる「DYAD SCONCE」。真鍮や陶器、ガラスなどを組み合わせた、どこか懐かしくかつ洗練された照明です。COMPLEXで購入。5.娘さんの食事は、奥さまの友人から出産祝いに頂いた名入りの食器で。銀座夏野の子供和食器ブランド、小夏のもの。6.トイレとバスルームの床にはそれぞれ異なる柄のSUBWAY CERAMICSのタイルを使用。7.イケアのガスコンロガードは、本来コンロの手前に置くものを逆にして、さらにパルシステムで購入した鍋ややかんを置く台と組み合わせて活用。前の家からずっと使い続けている便利アイテム。8.デバイスタイルのブルーノパッソ エスプレッソマシンは、奥さまからご主人への誕生日プレゼント。9.娘さんのおもちゃ入れにしている古い引出しはデモデ・ファニチャーで見つけたもの。リビングの畳スペースに並べて置いています。

緑多い環境や
利便性も決め手に
ブルーを効かせた
穏やかな暮らし

食事は横並びがいつものスタイル。ダイニングテーブルはキッチンの高さに合わせてオーダーし、チェアはカーフで購入。3つ並べたペンダントランプは福岡のイールで見つけたヴィンテージ。窓からの光で明るいLDKです。

大樹がそびえ、まるで公園のような緑溢れる敷地に、ゆったりと建てられた集合住宅。30年以上を経たという、豊かに成熟した敷地内にはスーパーに保育園、テニスコートがあり、夏にはお祭りも催されるのだそう。「初めてこの物件を見たのは雪の日。その後半年くらい探し、結局ここに決めました。緑が多くて環境も良く、子供が生まれても子育てがしやすいだろうなと思って」とご夫婦。通勤面での利便性や最上階の角部屋で3方向に窓があるのも決め手だったとか。設計を依頼したのは、雑誌を見て個別相談会に参加したブルースタジオ。物件探しから設計までを一貫してお願いしました。宮内さんは「キッチンを広く、カウンターとダイニングテーブルを繋げてほしい。本棚や収納が欲しい」などの具体的な希望に加え、「南仏やギリシャの南ヨーロッパの感じ。色ならブルー」とイメージをまとめたファイルを準備しました。ブルースタジオの担当者は、設備等の関係で水まわりの位置が大きく変えられないことから、床の半分をフローリングとタイルにするなど、素材で変化を出すことを提案。「毎回の打ち合わせが楽しくて仕方なかった」と宮内さんが振りかえる、作り手と住まい手の息がぴったり合った楽しい家づくりとなったそう。こうして、爽やかなブルーを随所に効かせた、ダイニングテーブルと繋がった大きなキッチンが目を惹く住まいが完成しました。

週末の朝はテニスをする音で目覚め、パンを焼いたりグリーンショップをのぞいたり、リビングの棚に飾るアンティークのお皿を探すことも。この日のランチにもお手製の美味しそうなパンが食卓に並びます。「この家に越してから外食が減りました」と奥さま。「リビングでリラックスする時間が好きです。日中は陽射しで明るく、夜になると照明効果でまた違った雰囲気になるんです」とも。ご主人は「寝室も静かで好きですね。朝日が入りますし」とにっこり。模様替えもよくするそうで、2人で相談しながら家具を動かしたり、家で使うもの、飾るものも2人で少しずつ慎重に選んでいます。手に入れた空間は慈しみ、より心地よい空間へとアップデートする。そんなご夫婦の丁寧な暮らしぶりが印象的です。

宮内邸 Data

2013年に結婚し、賃貸マンションに暮らした後、リノベーション前提で1984年に建てられたマンションを購入。物件探しから家づくりまでをブルースタジオ（http://www.bluestudio.jp/）に依頼。／埼玉県和光市在住／約80㎡／共に会社勤めのご主人（43歳）、奥さま（40歳）の2人家族。

1. 一年中明るく暖かなリビング。ここでお酒を飲みながらご飯を食べることも。ソファはアクメファニチャー、コーヒーテーブルはマスターウォールのもの。2. リビングの棚は本と小物のゾーンに分けているそう。アンティークショップを巡り、集めた小物は大きさが揃いすぎないようになど飾り方にも配慮。3. キッチンの棚にはコーヒー豆や調味料類が美しく並びます。

1

2

3

北欧のヴィンテージチェストを置いた寝室のコーナー（1）。洗面所も壁を1面だけブルーに塗布。鏡はオーダーしたもの（2）。キッチンは2人並んでも充分作業ができる広さ。アイランド下のブルーの扉の中には食器を収納しています。この日のランチは奥さまの手作り全粒粉パンとミネストローネ、ジェノベーゼのペンネなど（3）。クローゼット内に置いたMUJIの棚。布やガラスケースを駆使し、アクセサリーやネクタイなどご夫婦の小物類を置く場所にしています。まるでショップのような、美しく見せる収納（4）。窓辺に並べた植物の世話はご主人の担当（5・7）。トイレはがらりと雰囲気を変えてオレンジの壁に。旅先の写真と世界地図を貼った楽しい空間（6）。花の写真はボタニカというサイトで購入したもの（8）。

Miyauchi's favorite collection

間取りが変えられない分、素材・色などディテールで個性を発揮

設備上の理由から間取りを大きく変えられなかった宮内邸は、素材・色・パーツで個性を発揮。壁を白よりもしっとりと落ち着く薄いグレーにしたり、引き戸の金具をオーダーで作るなど細部へのこだわりがたくさん見られます。今後も、窓辺の植物を増やせるように棚を置こうかとか、アートを増やしたいとか、クローゼットをより使いやすく……などやりたいことが明確なご夫婦。楽しみながら進化中です。
1.寝室のランプは、お気に入りの福岡のアンティークショップ、イールで購入。小ぶりでガラスの装飾が美しいデザイン。2.洗面所でタオル入れに使っているのはアーバンリサーチで偶然見つけたワイヤーのかご。3.ダイニングテーブルの大きさに合うベンチを探し、ぴったりのサイズ&素材のものをカーフで発見。4.キッチンの見せる収納は保存容器に

もこだわりを。お馴染みのWECKは専用のアカシア材の木製蓋を選び、調味料類をスタッキング。ラベルは奥さまの手描き。5.TODAY'S SPECIALで購入した木製のフクロウのオブジェはご主人作の木製のハシゴに植物と一緒に飾っています。6.コーヒー好きな宮内さんご夫婦。コーヒーグッズはまとめて、自由が丘のブリキのジョーロで購入した金属製のボックスに入れてキッチンの棚に。7.アートもご夫婦で少しずつ選んでいるそう。パリ発のアートフォトが揃うイエローコーナーで若手作家の作品を購入。8.食器用洗剤はオーストラリア発、ボトルがオシャレで100%自然に還るマーチソンヒュームを愛用。9.毎朝、夫婦揃ってタンブラーにコーヒーを入れて職場に持参しているので、デロンギのミルとコーヒーメーカーが大活躍。少量淹れる時はケメックスで。

インテリアも洋服と同じ
自分たちの感覚で
一つずつ丁寧に選び
組み合わせを楽しむ

ご夫婦がこだわった黒いスチール枠の回転式の扉は寝室とLDKとの間仕切り。「オープンキッチンは話をしたり、TVを観ながら料理ができて良いですね」。週末は友人をもてなすことも多く、そんな時は奥さまが料理の腕をふるい、皆でお酒を飲むとか。

寝室の広めの出窓スペースには雑誌や香りのアイテムを、アダム・シルヴァーマンの陶器のシェードや皿と一緒にディスプレイ（1）。ダイニングテーブルは、アメリカから直輸入したフロイドレッグに、日本でオーダーした天板を組み合わせたもの（2）。リビングの一角。大小のウッドボウルはアーツ＆サイエンスで（3）。玄関から廊下、バスルームまで、床は同じ六角形のタイル敷きに（4）。リビングに繋がる書斎。洋服や小物類はスタイリッシュなケースに入れてここにも収納しています（5）。バスルームは真っ白なタイル張り。在来工法で実現したシンプルで清々しい空間（6）。リビングに置かれた大理石天板のコーヒーテーブルは、イメージを伝えてオーダーしたもの（7）。洗面のアメニティ類は大理石のトレイにまとめて（8）。

リビングにはPK22のチェアと大理石天板のテーブルを。ラグは旅先のモロッコから持ち帰ったベニワレン。
「アボカドみたいな色が気に入った」イームズの椅子は、目黒のMate.Antique & Interiorsで購入。

ところどころに古く趣のある建物が残り、それらと新しい建物が混在する情緒溢れる街、神楽坂。「落ち着いていて暮らしやすい街ですね。有機野菜を扱う八百屋さんなどもあり、スーパーよりも少量で買えるので、2人暮らしには助かっています」。そんな街に建つ築38年のマンションを購入した安武さん。「新築のマンションには惹かれるものがなくて。内装を自分たちの好きなようにしたかったので、リノベーションされていない中古物件を探しました」。設計を依頼したduffleの鈴木さんとピンタレストでイメージ画像を共有しながら、家づくりをスタート。「ホッコリした感じが苦手で、モノトーンを基調にとお願いしました。あとはスペースを有効に使えるよう床をフラットに、ガラス扉を用いて視線が抜けるようにとも」。イメージ画像を共有するうちに鈴木さんのほうから「安武さんご夫婦は華奢で直線的なものが好きなのでは?」と指摘され「そう言われてみれば……」と床材を幅の細いものに選び直したこともあったとか。インテリアに関しては、ご夫婦の職場であるビームスの、美意識が高く暮らしを慈しむ先輩や同僚たちのお宅から学ぶことも多いと言います。「インテリアも洋服

と同じで、一つの店やブランドで揃えるのではなく、一つずつ選んでその組み合わせを楽しんでいます。選ぶ時は○○系という括りに縛られることなく、あくまで好きか嫌いかを大切に。家具は洋服と違って簡単に替えられないので、長く好きでいられるかどうかも大切なポイントです」。洋服の好みは違えども、インテリアの好みは似ているというご夫婦。ご主人が選ぶちょっぴりプリミティブな小物が、端正でシックなインテリアの良いスパイスにもなっています。インテリアから身につける洋服、選ぶ器や香りに至るまで、一貫して〝らしさ〟が感じられ、ブレがない。本当の意味でのオシャレとは、こういうことなのだと改めて感じ入ります。

安武邸 Data
賃貸マンション暮らしを経て、利便性と広さが気に入り、リノベーション前提で中古マンションを購入。設計はduffle（http://www.duffle.jp/）に依頼し、2016年末に入居。／東京都新宿区在住／約60㎡／ビームスでプレスを務めるご主人、俊宏さん（32歳）、インターナショナルギャラリー ビームスでウィメンズディレクターを務める奥さま、恵理子さん（34歳）の2人暮らし。

Yasutake's favorite collection

好きなものの優先順位を明確にして確立した自分スタイル

モダンでキレイすぎるもの、ホッコリした感じ、可愛くてフェミニンが苦手というご夫婦。タイル張りのバスルームやスチール枠の回転式扉、造作キッチンと譲れない部分を明確にし、優先順位を決めて家づくりを進めました。「黒・グレー・白」と「華奢で直線的なライン」で構成された、静謐な魅力をたたえるスタイルのある暮らしです。
1.ポール・ケアホルムがデザインした名作PK22ラウンジチェア。誕生60周年記念モデルで、座面がグレージュ色のヌバック、ステンレススチール素材の脚部はアンスラサイト・グレー色の限定品。「ずっと欲しくて、家の完成と同じ頃に発売されたこのモデルにひと目惚れをし、思いきって購入しました」。2.枕元にはお気に入りの香りアイテムを。サンタ・マリア・ノヴェッラのルームスプレーやSHIGETAのアロマオイル、マドエレンのポプリなど。

3.アーツ&サイエンスで購入した、イギリス cra'sterのシェーカーズボックスにはストール類を収納。4.アスティエ・ド・ヴィラットが好きで、パリに行くたびにお店に立ち寄るという奥さま。猫の香炉はご主人からの誕生日プレゼント。「実は猫が苦手。でもこの猫は別です（笑）」。5.ヒースセラミックスの食器も愛用。ポットとカップは貴重なヴィンテージ。6.snow peakのシェルフコンテナには衣類を収納。7.和食器はシンプルでモダンなフォルムの出西窯の出番が多いとか。フェニカで購入。8.ダイニングにはジャン・プルーヴェの照明をと、設計前から決め、家のデザインのイメージソースにしたそう。9.パリで購入したシャルベのルームシューズ。足に吸いつくような滑らかな革製で、エレガントかつ上質な逸品。「靴一足分くらいのお値段でしたが、毎日履くものなので」。

ダイニング横の中庭を利用して作った温室のような空間は、ご主人がパイプやタバコを嗜む喫煙スペース。ガラス扉で仕切られているので孤立することもなく、開放感も抜群。ダイニングテーブルはポプラの無垢一枚板に既製の脚を付け、制作したもの。キッチンのアイランドカウンターは古材で作られ、棚にはご主人が大好きなウイスキーのボトルがずらり。

音楽、読書、お酒……
お互いの気配を感じつつ
それぞれの自分時間を
満喫できる大空間

1. 42畳もあるLDKは、リビングエリアの床を1段上げて空間が単調にならない工夫も。ソファはTRUCK、コーヒーテーブルはザ・コンランショップ。
2. ロンドンの地下鉄をイメージした玄関ホールは、レンガの目地をわざと汚れた感じに仕上げてもらったそう。アートを飾った壁の奥がトイレで、その奥はランドリールーム。

人と車で賑わう下町の大通り沿いのマンション。エレベーターに乗り、暗い玄関を入ると、びっくりするほど明るくのびやかなLDKが現れ、一瞬まじろぎます。幅広のラフなオーク材フローリングに古材のカウンター、木やレザーの家具が置かれ、観葉植物が枝葉を伸ばす大空間。そして、先ほどまでの喧騒が嘘のような静けさと、空気までが澄みわたるような心地よさに包まれます。

「広いリビングが欲しいとリノベーション前提で物件を探しました」というご主人は10代から一人暮らしをし、不動産物件を見るのが好きで、デザイナーズマンションなどにも暮らしてきたのだとか。ずっと好きだったTRUCKの家具が似合うような家にとネットで根気よく探し、ゆくい堂にたどり着きました。担当者と好みもぴったり合い、安心してお任せできたと言います。

ご主人は他にも、音楽、マンガ、本、ウイスキー、パイプ、そしてクレー射撃とかなりの多趣味。リビングのスピーカーだけでも、ラジオ用、音楽用、DVD用と3種類もあるこだわりようです。そんなご主人の傍らで「TRUCKのチェアに座って音楽を聴きながら本や漫画を読んだり、ソファでDVDを観ている時間が好き」と微笑む奥さま。LDKは夫婦それぞれが好きなことをのびのびと満喫できるスペースとな

っています。週末には友人たちもよく遊びに来るそうで、そんな時は奥さまが料理を作り、お酒を飲みながら、音楽を聴いたりするのだとか。2人揃って猫アレルギーなのに、ミーちゃんとショーサという2匹の猫を飼い、扉には猫のための出入り口、そして猫用の水洗トイレまで作ってもらう愛猫家でもあります。

木の温もりを感じるLDK以外にも、ロンドンの地下鉄のようにとリクエストしたレンガの壁の玄関ホールや、ブルーの壁が目を引く爽やかな寝室、海外のホテルのようにスタイリッシュなバスルームと、空間ごとにドラマティックに雰囲気が変わるのも楽しいところ。「LDKで何でもできる家がコンセプトでしたが、ほとんどの時間をここで過ごせる、そのとおりの家になりました」。

下重邸 Data
結婚後、リノベーション前提で物件を探し、築24年の中古マンションを購入。ゆくい堂（http://www.yukuido.com/）に設計・施工を依頼して2015年9月に入居。／東京都台東区在住／165㎡／自営業のご主人・一正さん（31歳）、禅指圧整体院「やまもも」（https://zenyamamomo.jimdo.com/）院長の奥さま・貴子さん（30歳）、猫のミーちゃん、ショーサの2人＋2匹家族。

大画面TVとずらりと並んだスピーカーなどのAV機器。奥のアームソファもTRUCK（**1**）。奥にはご主人のPCスペースが（**2**）。リビングの一画のコーナーでマンガや本を読む時間が夫婦揃ってお気に入り。椅子はTRUCK（**3**）。オブジェのような植物が空間に潤いを与えています。TRUCKの本棚の上には小さなサボテン、ご主人の喫煙スペースにはハンギンググリーンが。板壁に掛けたビバンダムのアートはザ・コンランショップで購入（**4・9**）。ダイニングに置いたチェストはカーフで（**5**）。広々としたトイレにはオーダーで作った猫用の水洗トイレも完備（**6**）。古材を用いたキッチンのカウンターで休日のブランチ。エビのカクテルサラダやパクチーサラダ、サルサなど（**7・8**）。

ベッドルームは1面だけ壁を鮮やかなブルーに塗り、その奥の本棚とクローゼットも同じ色に。床はアカシア材。壁の写真はご主人が学生時代から所有しているもの。

ドラマティックな玄関。ジャーナルスタンダードファニチャーのスチール棚が靴箱代わり。手前のハイスツールはアクメファニチャーで購入。

大きな鏡の前に、2つ並んだ洗面ボウル。手前が奥さま、奥がご主人と決まっていて、忙しい朝でもストレスなく使用できます。

洋バスが設置され、大きな窓から自然光がたっぷり入る、明るく広々としたバスルーム。モノトーンの空間に赤いチェアが映えます。

Shimoshige's favorite collection

好みがぴったり合う作り手と出会え、理想どおりの仕上がりに

奥さまからの「木を多く使った家にしたい」に応えて、スタイリッシュだけど木の温かみを感じるインテリアが実現。大好きなTRUCKの家具の使い込んだような革やファブリックにもぴったりと合っています。空間をより活き活きとさせているのが観葉植物や個性的な照明、アートピース、そしてご夫婦が好きで集めた趣味のものたち。打ち合わせ以外にもFacebookで綿密にやりとりして進めた家づくりは、とても楽しい経験だったそう。
1.ウイスキー好きのご主人に、お父さまが結婚祝いにくださった華硝の江戸切子のグラス。これで飲むといっそう美味しく感じられ、自らも購入したというお気に入り。繊細で美しいカットは全工程手作業で作られ、手磨き仕上げ。**2.**イイノナホさんのガラスの文鎮「カラノナイタマゴ」と「クローバー」はキッチンカウンターに並べて。**3.**ウェブサイト、密買東

京で見つけた共栄デザインによる「reconstruction chandelier」。**4.**10¹²TERRAの水耕栽培のサボテン、Hydroシリーズ。**5.**ずっと好きだったイイノナホさんのシャンデリア「ballons」を新居に合わせてオーダー。イイノさんがこの場所を実際に見に来て、製作した一点もの。**6.**室内の植物や鉢は、ゆくい堂の紹介でUNITED FLOWERSに依頼。**7.**レザーのくったりした感じと、ファスナーからティッシュが出てくるデザインが楽しいティッシュカバーはアクメファニチャーで。**8.**リサ・ラーソンの白クマとあざらしの置物は、チェストの上に。**9.**昔から好きだったというTRUCKの家具。大阪まで出向き、2日間通ってソファやアームチェアなどこの家のための家具をセレクト。背もたれに施された鋲がポイントとなったご主人のPCスペース用のチェア「DESKWORK CHAIR」。

chapter

3.

attractive dining kitchen

我が家の中心は
ダイニング・キッチン

「美味しいね」というみんなの笑顔を思い浮かべながら夕食を作る夜も、
目覚ましをかけ忘れ、頭真っ白でお弁当を詰める朝も。
私たちの居場所はキッチン。そして、家族と食卓を囲むダイニング。
一番長く過ごす場所だからこそ、使いやすく、居心地よく。
主婦がいつも笑っていられれば、たいていのことはどうにかなる。
だからダイニング・キッチンは大切なのです。

新築の白い箱が
DIYと古い家具で
長年暮らしたかのような
温もりある住まいに変身

奥さまが仕込んだ生地に、それぞれが好きな具をトッピングしてピザ作り。大理石の台はランチョンマットとしても活用しているそう。階段には観葉植物とご主人が描いたアートなどを額に入れ、リズミカルに飾っています。

できるだけ大きくしてほしいと依頼した窓から、明るい陽の光が入るリビング。白いフローリングのおかげで部屋じゅうに光がまわります。
ダイニングテーブルはデモデ・ファニチャーで購入したヴィンテージ。椅子は100年以上も前のもの。

「つい最近も1階の扉に漆喰を塗ったばかり。つるんとしているのが嫌だったので……。週末は何かしらDIYをするので、家の中がぐちゃぐちゃになってしまっていることもあります。我が家は夫も私も息子も、家に籠って物を作ったり、絵を描いたりするのが好きなオタク家族です」と笑う奥さま。この家に暮らしはじめてまだ4カ月あまりというのが信じられないほど、ずっと長く住み続けているような雰囲気が漂う西村邸です。その秘密はどうやら週末ごとのDIYと古い家具にあるよう。揃ってクリエイティブなご夫婦は、週末になると棚を作ったり、描いた絵を額に入れて飾ったり、扉に色を塗ったりして、2人で楽しんでいるのだとか。加えて、旅先のフランスやイタリアでは蚤の市を巡り、東京でもアンティーク家具や食器、雑貨、植物を見てまわる、そんなことがずっと昔から好きだったと言います。この家に置いている家具も古く味わいのあるものばかり。それらが、モダンでともするとつるりと無機質になりがちな新築の空間に、奥行きと風情をもたらし、どこか懐かしい感じすら漂わせています。家づくりにあたっては、「自分たちで作ったり、手を加えるのが好きなので、とにかくシンプルな真っ白い箱にしてくださいとお願いしました」。依頼した

のは、地震に強い鉄骨造の家づくりを提案するハウスメーカー。他にも「リビングダイニングは窓を大きくし、陽当たりのよい開放感のある空間にしてくださいとも。たとえちょっとくらい外から見えても、中の雰囲気がよければいいかなと思って」とご主人。
この日、撮影中に「よかったら一緒にピザを作りませんか？」と奥さまに声をかけられ、かつてない展開にたじろぐ私たちスタッフ。見かねてご主人も「昨夜、皆さんの分まで生地をこねていたみたいですからぜひ！」と。お言葉に甘え、撮影を中断して急遽ピザ作りを体験し、それを一同でご馳走になるという顛末。そう、この家のもう一つの魅力はご夫婦の温かい人柄。そんな温かさとピザの焼ける香りで家じゅうが満たされ、幸せな気持ちになった日曜日の午後でした。

西村邸 Data

結婚後、世田谷区内の賃貸マンション暮らしを経て、自分たちらしい暮らしを求めて土地探しをスタート。耐震性などを考慮し鉄骨造のトヨタホームに依頼して、自由設計で家を建てる。／東京都世田谷区在住／約120㎡／アートディレクターのご主人、恭平さん（34歳）、子供服や園グッズ作り、インテリアが好きな奥さま、典子さん（33歳）、星ノ助くん（5歳）、トイプードルのラテ、ミルキーの3人＋2匹家族。

階段のガラスに専用クレヨンで絵を描く週末のひととき(1)。大の植物好きで、観葉植物やドライフラワーが家じゅうに飾られています(2)。バスルームも白が基調。鏡はサラグレースで購入(3)。ソファは使い込んで馴染んだ革の風合いが絶妙なヴィンテージのチェスターフィールドソファ。コーヒーテーブル下のラグもeBayで購入したヴィンテージ(4)。キッチンはTOCLASの白いシステムキッチンと、愛用の黒いヴィンテージチェストやオーダーした棚を組み合わせたオリジナル。上部の棚はDIYで製作。ご夫婦揃って器好きで、作家ものなどが並びます(5・7)。 LDKの一角にベンチを置き、その下には息子さんのおもちゃを収納(6)。美しいテーブルセッティングでランチがスタート(8)。

Nishimura's favorite collection

ハウスメーカーの家をカスタマイズし、自分たちの好みに引き寄せる

古いものが好きなご夫婦。「はじめてデモデ・ファニチャーのショップに行った時は感動しました」。今はネットで古い家具やラグなどを買うことも多く、「買う時はお互いに了承を得て。自分では選ばないけどこれもアリだなと発見があります」とも。今後は、お風呂やトイレの扉を替えたり、階段の手すりを木製にしたいなど、まだまだやりたいこともたくさんあり、DIYでさらに好みの家へと近付けている真っ最中です。

1.肌触りもお気に入りの愛用のタオルはsarasa designの泉州 本晒しシリーズ。色はチャコールグレーとホワイトと決め、サイズ違いで揃えて、重ねて収納しています。2.洗面カウンター下にぴったり収まるサイズをと探し、見つけたランドリーバスケットはCRASH GATEのKnot antiquesシリーズ。3.出産前に見つけた天然木の切り株や幹を組み合わ

せて遊べる積み木、Magic Woodのeco blocks。4.お米好きなご主人のためにご飯は土鍋で。渋谷の器○□で見つけたもの。鍋敷きはFUTAGAMIの真鍮製。5.アクタスで見つけたkitpasはガラスに描いて消せるクレヨン。6.奥の岩鋳の鉄瓶で毎回お湯を沸かしているそう。ダンスクのホウロウ鍋は使い勝手の良い大きさで、キッチンのヘビロテアイテム。7.九谷焼の上出長右衛門窯が手掛けるモダンなカップ＆ソーサーは奥さまのお気に入り。8.ホルムガードのガラスのカラフェMINIMAは「飲み物が冷たく、美味しく飲める気がする」と西村さんご夫婦。ルイボスティーや牛乳、アイスコーヒーを入れてテーブルに置いた姿も美しい。9.食器用洗剤や掃除用の洗剤はリーズナブルでスタイリッシュなCOLONY 2139のものを愛用。

洋書やウェブのお気に入りからインスピレーションを得た色味を抑えたシックなフレンチスタイル

テラスをコの字に挟んで、リビングとダイニングキッチンが配置されています。リビング側からダイニングを見るとこんな感じ。外壁はゲーテハウスで、微妙なブルーグレーの色や仕上がりの質感にもこだわっています。

お気に入りの黒いキッチンは造作で、奥さまが絵を描いて細かくリクエストしたとか。L字型で使い勝手も良さそう（1）。ダイニングの隅はティンパネルや植物を飾ったコーナー。娘さん用の椅子は奥さまが小さい頃使っていたものをペイントして再利用（2・6）。ランチはお手製パン、ドライカレー、ビシソワーズなど。籐のアンダープレートはフランフランで購入（3・4）。アトリエの壁にはお手製の娘さんの洋服やunicoのガーランドをディスプレイ（5）。イメージする写真を渡し、タイルなども探してもらったというパウダールーム。清潔感のあるシックな色合いでまとめ、大きな鏡と洗面ボウルがスタイリッシュでホテルのような仕上がり（7）。テラスの草花の水やりは娘さんの担当（8）。

1. キッチン横にあるパントリーの棚には一つ一つ丁寧に選んだ実用品をディスプレイ。ニットの時計はザ・コンランショップで見つけたもの。
2. ダイニングとキッチンの間はスチール枠のガラスの間仕切りをリクエスト。テーブルはフランフランで購入。

名取邸のご主人のお休みは火曜日と水曜日。娘さんが幼稚園に行っている間、夫婦揃ってプールに行き、1kmほど泳いで帰りに美味しいラーメンを食べるのが最近の過ごし方。「せっかく泳いでもラーメン食べちゃったらね」と笑う、おだやかで仲の良いご夫婦です。娘さんが帰ってきた後は、おもにご主人が遊び相手となり「おままごとをしたり、すっかり娘にこきつかわれています（笑）」とか。普段は仕事で帰宅が遅いご主人が娘さんと過ごす大切な時間です。この日は久しぶりの家族揃っての休日ランチ。キッチンで奥さまがランチの準備をしている視線の先には、中庭越しにリビングでアニメを観て寛ぐ娘さんとご主人の姿が見えます。

名取さんの家は完成してまだ1年。そうとは思えないほどの完成度で、どこを切り取っても絵になる空間です。インテリアをしつらえることを、心から楽しんでいるのが伝わってくるよう。「以前は賃貸マンションだったので、家ができて壁に自由に打ち付けられるのが嬉しくて、いろいろと飾っています。特にこだわっているわけではないのですが、好きで選ぶのはフランスのものが多いかな」と奥さま。10年間F.O.B COOPで働いていたというだけあり、さすがのセンス。家づくりではプランから素材やパーツに至るまで、ずっと温めていた洋書やウ

ェブのお気に入りの空間をお手本にしたとか。「パウダールームはホテル風にと、参考にした写真と同じようなタイルを探してもらったり、階段も写真を参考に大工さんに作ってもらったんです」という徹底ぶり。そこに集めていた家具や小物、新たに購入した照明などを配し、好きなものに囲まれた理想の空間に仕上げています。「キッズコーナーのアンティークの柵など、いつか使えるかも?と買っておいたものも役立って良かった」とも。イメージした小物は見つかるまで探し、昔から使っていた家具は、この家に合うようペイントしたり、クッションを作ったり。抜群のセンスと自分の手を使い、好みのインテリアを実現しています。うかがうたびにお手製のケーキでもてなして下さり、今ハマっているのはパン作りという奥さま。インテリアだけでなく日々の生活を丁寧に楽しむ、豊かな暮らしです。

名取邸 Data
賃貸マンション暮らしを経て、ご夫婦の地元に土地を購入し、戸建てを建てる。家づくりはパパママハウス（http://papamamanhouse.com/）に依頼。／神奈川県在住／103.63㎡／会社員のご主人・秀幸さん（37歳）、元インテリアショップ勤務で現在は専業主婦、ケーキやパン作りから裁縫までこなす奥さま・まり子さん（37歳）、長女（3歳）の3人家族。

星 と *馬* のアイテムが好きで、今気になるのは *おじさんを描いた絵* と言う奥さま。リビングの棚の上は他にも鏡や植物と好きなもので溢れています。

リビングにはレザーのソファを置いて。ご主人はこのソファに寝転んで、TVを観たり、のんびりとテラスや空を見ているのが好きだとか。

リビングとダイニングを繋ぐテラスの植物は鉢の色や素材感をコーディネートしてシックにまとめています。ピンクの紫陽花がひときわ華やか。

リビングやダイニングにおもちゃが散乱しないよう、2部屋の間の廊下に沿ってキッズスペースを確保。チェストはイケアのものに塗装をし、つまみを星形に替えて使用。

1階にある子供部屋は、パリの子供部屋をイメージ。壁はブルーグレーの壁紙。メゾン ドゥ ファミーユの棚に動物のアイテムや絵本をディスプレイ。

1階にある奥さまのアトリエ。ミシン教室で貰った、以前は食卓として使っていたデスクとアーコールの椅子を置いて。美しい色の糸はガラスジャーに入れて収納。この日の娘さんの洋服も手作り。

Natori's favorite collection

好きなものは飾り、家&インテリアづくりを心から楽しむ

家&インテリアづくりを心から楽しんでいる名取さん。キッチンとダイニングの間のテラスや、ダイニングの梁の見える斜めの天井、間仕切りとなったスチール枠のガラスなど、イメージする空間のディテールを写真などで細かく伝えたそう。好きなフレンチスタイルも黒やグレーと色味を抑え、シックにまとめています。小物を買う時はこの場所にこんなものが欲しいとイメージしてから探すとか。「もう何年かしたら、壁に色を塗ってみたい」とも。
1.ダイニングテーブル上のペンダントランプは、100年くらい前のイギリス製。学芸大学にあったアンティークショップ、WHITE CUBEで出会ったそう。**2.**アトリエの棚に置いた木製のハットスタンドはオールドメゾンで購入。娘さんと奥さまの帽子の収納とディスプレイを兼ねて活用。**3.**大好きな星アイテムは、家のいたるところに。これはANTISTICで購

入。**4.**長く勤めていた大好きなF.O.B COOPのアイテムも多く、このカップホルダーもその一つ。マグカップの色選びにセンスを感じます。**5.**キッチンの水栓金具は、洋書で見たDELTAのビクトリア・キッチン。ソープディスペンサーや、引出し式でシンク洗浄もできるベジタブルシャワーがセットに。**6.**子供部屋に置いた木馬は栃木県にあるアンティークショップ、SETT F.で。**7.**リビングの天井から吊るしたマクラメハンギングはHUTS garden planningのもの。HUTS garden planningにはキッズスペースの人形用ベッドも作ってもらったとか。**8.**ダイニングチェアはCOMPLEXが扱うフランス製のマルチプルズチェア。麻素材の星形のクッションは奥さまのお手製。**9.**階段のつきあたりの壁に付けたのはテンダーカドルで見つけたアンティークのブラケット。

家の中心はキッチン
いろいろなスタイルを経て
程よく力の抜けた
ミックススタイルに

リビングの隣にある、屋根付きの広々
としたテラスでのランチ。今日のメニュ
ーはリゾットとサラダ。ここでチーズフォ
ンデュをしたり、ご主人はサーフボード
やスノーボードの手入れをすることも。

「朝起きると、まずこの酵素シロップをかき混ぜるのが日課です」。皮をきれいにむいた黄金柑、山ほどのキウイと自宅で採れるハーブ、砂糖を瓶に入れ、最後に娘さんが庭から採ってきたばかりのローズマリーの花をあしらいます。酵素シロップや梅酒など「空き瓶があると何か作りたくなる」と笑う奥さまは、忙しい仕事の合間をぬっての家事や料理もいとわない、丁寧な暮らしぶり。家にいる時はずっとキッチンにいて、ゆっくりソファに座ったり、TVを観ていることは皆無だとか。一方、ご主人の趣味はサーフィンにスノーボード、休日はもっぱら海か山へ出かけることが多く、娘さんはバレエのレッスンに忙しく……。「我が家はそれぞれがバラバラに好きなことをしています」とご主人が笑います。だからこそ3人揃っての時間はとても穏やかで仲睦まじく、楽しそう。

ずっと犬を飼っているので賃貸でも戸建て、しかも築40年近い家に住んでいたという山口さん。「この辺りは春にはつくしが採れるし、都内なのに緑も多く、静かで住みやすかったので」と土地を購入し、家を建てることにしました。パシフィックファニチャーサービスの家具が好きで、家の設計も依頼。いいなと思う建物やインテリアのイメージ写真を見せ、「新築っぽくなく、床は学校やバレエ教室みたいな感じで。キッチンには白いタイルを使いたい」など幾つかの希望を伝え、あとはお任せしたところ、キッチンが家の中心となった思い描いたとおりのプランができてきたと言います。「最初のプランを見てお任せしようと決めました。だから出来上がってみて『あっ、テラスがこんなに広いんだ！』って感じで」。ご夫婦ともにインテリア好きで、家の完成後はインテリアショップめぐりもよくしたそう。この家ではリビングのインテリアがご主人、キッチンとダイニングは奥さまとなんとなく担当が分かれているとか。にもかかわらず世界観が見事に合っているのはさすが。NYのソーホーの倉庫みたいにしてみたり、パリのアパルトマン風にしてみたり、さまざまなスタイルを経てきたご夫婦。「いろいろやってみて、今は好きなものをミックスしたこんな感じが気に入っています」。

山口邸 Data

外国人向け住居に暮らした後、パシフィックファニチャーサービス (http://pfservice.co.jp/) に設計を依頼し2009年に家を建てる。／東京都世田谷区在住／150㎡／Superme inc. (http://superme.jp/) を主宰するアートディレクターのご主人・アツシさん（49歳）、スタイリストやマネージメントとマルチに活躍する奥さま・もとこさん（43歳）、長女（11歳）、愛犬フォンドの3人＋1匹家族。

1. リクエストした白いタイルの壁と、木製の扉がミッドセンチュリーっぽく、懐かしさを感じるチャーミングなキッチン。2. キッチンカウンターの上のツール類を下げたラックと背部の収納の上に設置したスパイス類を置いたラックは奥さまがデザインして後から設置。

開放的なリビング。ソファはTRUCK、コーヒーテーブルはイサムノグチのデザイン。ブルーのチェストはルンタで購入したインドのヴィンテージ。ホウロウの器などに植物を植えて（1・5）家族を癒す愛犬のフォンド。階段にはピンク・フロイドの写真が（2）。ダイニングテーブルはFoundで購入した1950年代のパリのビストロで使われていたもの（3）。ダイニングに置いたシェルフはパシフィックファニチャーサービス（4）。2年ほど前から続けている酵素シロップ作り。この日は黄金柑やキウイに自宅のハーブを加えて。果肉は晒しで包んで湯船に入れると肌がツルツルになるそう（6）。リビングの片隅にはヴィンテージの医療棚とイームズがデザインしたエグゼクティブチェアを（7）。

Yamaguchi's favorite collection

インテリアショップとつくった暮らしに寄り添う家

好きなインテリアショップにほぼお任せで設計を依頼した山口さん。「おばあちゃんの家の
キッチンのような感じにしたかった」というレトロな雰囲気漂うデザインや、キッチンを中心
にダイニングとリビングを回遊できるプランは、料理好きな奥さまのライフスタイルにぴった
りフィットしています。今後は屋根付きのテラスに壁を設け、リビングの延長として使う計
画や、キッチンとリビングの間の壁をぶち抜く計画を議論しているとか。
1.CLASKA Gallery&Shop"DO"で購入したキッチングローブ。キッチンミトン代わりに
熱いものを持つ時に大活躍。2.もともとグレーの石貼りだったリビングの壁を白く塗り、ご
主人がデザインしたタイポグラフィーのポスターを飾っています。3.fog linen workで購
入したモールグラスは、木村硝子店と渡辺有子さんのコラボアイテムで、お手製の酵素

シロップを飲むのにもぴったり。奥さまは現在、参鶏湯研究所（http://www.homekitch
enpharmacy.com）を主宰し、参鶏湯スパイスの販売も。4.アロマオイルは焚いたり、眠
れない時や体調がすぐれない時に体に塗ったりと愛用。アロマポットはサンタ・マリア・ノ
ヴェッラ、オイルはdōTERRAのもの。5.経堂にあるルンタで購入したお気に入りのアフ
ガニスタンのボウル。6.EDIT LIFE TOKYOで見つけたパッケージがオシャレなオイル
はサラダ油代わりに日々活用中。7.愛犬フォンドのためのテーブルは、ご主人と[Milok]
&SHIMADANTIQUESデザイナー島田勝典氏によるブランド、3MWのもの。温めも可
能な野田琺瑯のプレート付き。8.ポップなデザインの鉢はGREEN FINGERSで購入。
9.遊び心溢れるスケートボード形のランプは、ジャーナルスタンダードファニチャーで。

こんな時間を過ごしたい
というイメージを
コラージュし
住みながらつくった家

PLEASE DON'T
RAIN ON MY
PARADE

WAKOさんが一番長く過ごすという、
天板も扉も換気扇もすべて真っ白で
まとめたコの字型のキッチン。大きな
窓から庭を眺めながら料理や洗い物
ができるお気に入りのスペースです。

テラス続きのリビングは、トープ色のソファ、アームチェア、スツールに、グレイッシュなオーク材のコーヒーテーブルを。すべてアメリカのRestoration Hardwareで購入。ランプはベルギー製。

「どんなテイストのインテリアにしたいとかではなく、この家でどんな時間を過ごしたいのか……というイメージを想い描き、家づくりをしました」。本誌に登場するたびに素敵なライフスタイルが話題となる、WAKOさん。彼女が初めて建てた家はさぞかし内装にもこだわって……と思いきや返ってきた答えは冒頭のとおり。さらに「ひたすら間取りと動線ばかりを考えていました。あとはとにかくシンプルな白い箱をつくってくださいと。インテリアは家ができてから2年をかけ、やっと最近仕上がってきた感じです」。引っ越してきてからも内装にいろいろと手を加え、住みながらの工事がずっと続いていたのだとか。こんな時間を過ごしたい……の一つがテラスでご飯を食べること。「屋外で過ごすのが好きなので、家の中と外とが一体となるような空間をつくりました」。この家では休日はたいてい、平日でもテラスで食事をとることが多いとか。作った料理は美しく盛り付け、たとえ1人の時でも必ずテーブルセッティングをするのも、ずっと変わらぬWAKOさんの習慣です。花を絶やさず飾り、季節のしつらえを楽しむ。手作りのお菓子やギフトを差し上げる時はきれいにラッピングを施し、おもてなしの時にはネームカードを書いて……。〝丁寧な暮らし〟とはこの人のためにある言葉だと心から思える、日々の暮らしを楽し

む達人です。

「20代前半にシアトルに住んでいた頃、出会った友人の暮らしの素敵さに衝撃を受けました。以来、私も毎朝ベッドメイキングをするように。娘たちにも『朝起きてベッドメイキングができないくらいなら、学校に行かなくていいから』と言っています（笑）」。旅好きなWAKOさんは、旅先で素敵なディスプレイや料理の盛り付けを目にすると自宅でも実践してみるとか。「でも今は旅行から戻るたびに『あーやっぱり家がいいな』と思えます。夕方早めの時間にキャンドルを灯して、軽くお酒を飲み、それから料理を作る、なんでもない時間が好きです」。そんな些細な家時間の積み重ねが、人を幸せにしてくれるのだと、WAKOさんの丁寧な暮らしが気づかせてくれます。

WAKO邸 Data

シアトル、東京、名古屋、中国と引っ越しを重ね、現在の家が12軒目。建築家に依頼して初めてゼロから家を建て2014年入居。／東京都港区在住／約200㎡／大人気だったセレクトショップKOKOROの元オーナーで、現在はWAKO inc（http://wakoinc.jp/）主宰。光文社公式通販kokode.jpのWako's Roomも人気のWAKOさん（37歳）、琳人くん（17歳）、世莉ちゃん（11歳）、理世ちゃん（8歳）の4人家族。

料理上手、おもてなし上手なWAKOさん。家族だけの食事でも常に美しくセッティングしているのがスゴイところ。娘さんたちが清見オレンジをジューサーで搾り、まずは乾杯！（1・2）清潔感のあるシンプルな白いキッチンに花やグリーンが映えます。ランプはオールドメゾン、ハイスツールは全てRestoration Hardwareで揃えました（3）。コンクリートの天板がお気に入りのダイニングテーブルとチェアもRestoration Hardware。この日のランチはビュッフェ形式。サラダに卵料理、アボカドやソーセージが並びます（4・6）。キッチンの棚には保存瓶に入れ替えた調味料や食材がずらり（5）。引出しの中もこの美しさ。カトラリーはイケアで購入した仕切りを活用（7）。

2 1

1.寝室にも花とキャンドルは欠かしません。チェストはサラグレース、壁に掛けたメッセージはポッタリーバーンキッズで購入したポスターをジンプラで額装。2.タオルやボディシャンプーのストックを収納するチェストもサラグレース。3.「寝室は大好きな白を基調にしました」とWAKOさん。寝室・バスルーム・クローゼットがワンルームとなり、ぐるりと回遊できる動線は憧れだったそう。ベッドとサイドチェストはRestoration Hardware。ベッドメイキングは毎朝の習慣でリネンはZARA HOMEのものが多いとか。

3

2 **1**

1．ウォークインクローゼットはWAKOさんがプランを考え、知り合いの大工さんに依頼してゼロから一緒に作り上げたそう。建材やフック、つまみもすべてWAKOさんが調達。美しい収納術はさすが。2．寝室に続く洗面・バスルーム。オールドメゾンで購入したヴィンテージのドレッサーに洗面ボウルや水栓金具を設置して洗面台として活用。3．上段の収納ボックスはイケア、引出しのつまみは少しずつデザインが違うものを取り付け、ポイントに。4．玄関の巨大な鏡はKOKOROのショップで使っていたもの。コート＆帽子掛けには家族のイニシャルが。

4 **3**

WAKO邸の休日はテラスでブランチかランディナー（ランチとディナーを兼ねて）が多いとか。テーブル＆チェアのセットは目黒通りのユーズド家具店で見つけた掘出し物。

テラスにはオリーブなどの木が植えられ、都会とは思えない癒しの空間。バリ島で購入したベンチを置き、ドラムをサイドテーブルに。

リビングダイニングに置いた日本の古いトランクの上には花やキャンドルを飾って。花や緑は一年中欠かさず、自ら市場に出向き、活けて楽しみます。

家を建築中に長女がひと目惚れをし、購入した机はオールドメゾンのもの。手前のグリーンの棚もオールドメゾン。椅子はイケア（1）。子供たち専用のバスルームは、背の高さに合わせて鏡を設置。ヴィンテージのチェストに洗面ボウルを取り付けたオリジナル（2）。次女の部屋はベッドまわりの壁をグリーンにペイント。天蓋はポッタリーバーンキッズ、ベッドリネンはZARA HOME（3）。イニシャル好きのWAKOさん。家族のイニシャルを見つけるとつい購入。グリーンのイニシャルはアンソロポロジー、白はポッタリーバーンキッズで見つけたもの（4）。長女の部屋の壁にはイニシャルと生まれたときのメモリアルグッズを額に入れて飾っています（5）。クローゼットにはチェストとハンガーパイプを。手前のカーテンはWAKOさんのお手製（6）。

WAKO's favorite collection

大好きな南仏と同じような時間を過ごせる家を目指して

好きなイメージは南仏。「南仏の雰囲気や時間の流れ、人々の過ごし方が好きで、南仏時間を過ごせる家にしたかった」とWAKOさん。思い描くイメージのものを、「元バイヤーですから、勘と決断力はあります（笑）」と国内外を飛び回って集めてしまうセンスはさすが。その時々の気分によって替えていけるよう、ベースはシンプルに仕上げています。1.オットマンはRestoration Hardwareで購入。アメリカまで出向き、ソファもオットマンも張り地を選んでセミオーダーしたとか。2.子供部屋に飾ったランプは、ウェブのコットンボールランプ専門店BONBORAで。娘さんたちが部屋に合わせてそれぞれ選んだそう。3.ウォークインクローゼットの壁に掛けた木製のサインボードはフランスのLE GRAND COMPTOIRのもの。4.テラスでの食事に欠かせない涼しげなピッチャーはZARA HO

MEで購入。5.出汁類はダルトンのガラス瓶に入れ、イケアで購入したラベルを貼ってキッチンの棚に並べています。調味料も同じく、すべてキャニスターに移して使っているWAKOさん。6.ロンドンで出会ったThe White Companyというショップは大のお気に入り。購入してきたルームスプレーは寝室のベッドサイドに。7.フリンジ付きのクッションはアメリカのショップ、アンソロポロジーのもの、手前のメッセージ付きや奥の白いクッションはパリのホームファブリックブランド、Maison de Vacancesのもので、ウェブで購入。8.娘さんたちの部屋のドアにはイニシャル付きのフックを。こちらもアンソロポロジーで。9.バスルームの洗面台の壁には、オールドメゾンで見つけた味わいのあるメディスンキャビネットを設置し、化粧品類を収納しています。

2軒目は、
〝普通〟がテーマ
少しの余分を大切に
デザインしすぎないよう

ジャン・プルーヴェによるデザインのダ
イニングテーブルとチェアは以前の家
から使い続けているもの。床はモルタ
ル、天井は米松の板張り。自宅でイベ
ントを催すことも多く、ウォーターサー
バーは必需品です。

リビングを見下ろす位置にあるオープンキッチン。手前のカウンター部分はトーヨーキッチン、バックカウンターの白い収納部分はイケアと組み合わせて設置。

2013年、本連載21回目に登場して下さった鈴木さん。家の中に子供部屋の小屋があり、当時流行しはじめたインダストリアルスタイルをミックスしたとびきりオシャレな家をご記憶の方もいらっしゃるのでは? その鈴木さんが、お子さんたちの学校の近くに土地を探して家を建てたと聞き、これは行かねば! と、連載初となる2軒目の取材となりました。ご主人が描くイメージを、依頼したHOUSETRADがデザインするという手法で家づくりがスタート。「○○系とか○○風にしないでほしいとお願いしました。木造なのですが、やはり日本家屋は理にかなっているなと思い、きちんと軒を出してもらったり。断熱材を厚めに入れ、湿気が溜まるところがないようにとか、目が疲れないダウンライトを選ぶなどまずは機能的であることを大切にしました。変わった建材は使わず、タイルもあえて一番シンプルな、ごく普通の国産の白い正方形に。割れても買い足せる、ずっとあり続けるものを選びました」とご主人。遊び心満載な以前の家の主から出たのは意外にも「普通」というフレーズ。「普通のものが好き。そのシンプルさが東京っぽいなと思うんです」とも。一方奥さまは、前の家で使いやすかったトーヨーキッチンのキッチン、ミーレのスチームオーブンと食洗機、水素水の水栓金具と機器類をリクエスト。「それだけだったのですが、意外にコストダウンのネックになったらしく(笑)。

でもお陰でキッチンが一番お気に入りの場所になりました」。移り住んだ街は「主婦が幸せな街」の全国第2位に選ばれているのだとか。「以前は、週末になると家族で都心に行くことが多かったのですが、今は近所に公園が多いので子供たちとそこで過ごすことが増えました」。今後は自宅でメークレッスンをしたり、ヨガのワークショップなども開催していきたいと言います。
「この家は変わったものは使っていないけれど、あえて言うなら余分を大切に。無駄はイヤだけど余分は好きなんです。ちょっと階段を広くしたり、ちょっとキッチンカウンターを大きめにしたり……そんな余分を作ることで、空間にも気持ちにも余裕が生まれるのかな?と思います」とご主人。普通のものと少しの余分、そしてセンスがあれば、家はこんなにも豊かになるのです。

鈴木邸 Data
賃貸や分譲マンションのリノベーションを経て、子供の学校近くに土地を購入し、家を建てる。デザインはHOUSETRAD(http://www.housetrad.com/)に依頼。/東京都稲城市在住/約150㎡/会社員のご主人、一成さん(39歳)。ヘアメークアップアーティスト(http://mihosakae.com/)として活躍し、自宅でメークレッスンなども開催する美穂さん(39歳)、珂蓮くん(8歳)、翠蓮くん(8歳)、セナちゃん(6歳)の5人家族。

壁は10cm角のタイル。洗面台はセラトレーディングの一体型（1）。寝室は壁をグレーにし、落ち着いた雰囲気に。ドレッサーは、イケアの収納を活用したご主人のデザインで、自然光でメークができる快適スペース（2・7）。ソファ前にはエコスマートファイヤーを。炎を楽しむだけでなく肌寒い季節に暖をとる役目も。HIKEのソファは革を張り替えてずっと愛用（3）。キッチン部分の外壁は板張りにし、窓の下にはカウンターを設置。「玄関が暗いのは寂しい」とガラス窓を玄関と兼ね、LDKに直接入るプラン（4）。ダッチウエスト社の薪ストーブは、冬の主暖房でピザも焼けるとか。壁は都会っぽくタイル張り（5）。家族全員分の圧巻なクローゼット。ユーティリティ横で動線もスムーズ（6）。

Suzuki's favorite collection

長く愛せる、シンプルで普通のものを、カッコ良く仕上げる

デザインを依頼したHOUSETRADのコンセプトは「古くなって捨てられるようなものは買わない・作らない・売らない。鈴木さんもそんな考えに共鳴し、家づくりを一緒に進めました。昔からある一般的な建材を使い、程良く力が抜けていながらカッコ良く仕上がっているのは、作り手のセンスならでは。「アートを飾るスペースが欲しくて、白い壁を多く作りました。今後は植物も増やしていきたい」そう。1.オリーブオイルやビネガー類は、212 KITCHEN STOREで購入した瓶に入れ替えて使用。2.外に置く植物はBACSACのポットに寄せ植え。軽くて、地面に植えるのに近い土と水と空気の割合の状態をキープすることができる優れモノ。植栽はYARDに依頼。3.洗面台の壁に付けたダルトンの石けんホルダー。固形石けんにマグネットの付いた金

属を挿して、使う時は磁石から石けんを離せばOK。4.よく使う白いプレートやカトラリーは、友人でもあるWAKOさんのセレクトアイテムが揃うネットショップ、kokode.jpのWako's Roomで購入。5.新たに購入したシューメーカースツール。デンマーク製で、15世紀の乳搾り用のスツールがルーツだそう。6.バスルームの洗面台に置いたフェイクグリーンと、それを飾ったキャンドルホルダーにもなる器は東京堂で購入。7.奥さまが「欲しかった!」と言うミーレのスチームオーブン。素材に下味を付けてグリルするだけで、余分な油を落としつつふっくらジューシーに仕上がります。8.ご主人が昔から好きだというバタフライチェアも、この家に合わせて新たに購入。9.バルミューダのトースターに感動して購入したという電気ケトル。

洋書を参考にグレーの扉にしたお気に入りのキッチンは家族ぐるみでお付き合いのあるJINEN JAPANの滝本さんご夫婦に依頼。ランプはH.P.DECOで見つけたもの。

家じゅうが
子供たちの遊び場
家って大切と
実感する日々

ダイニングテーブルはJINEN JAPANでリースしていたものを譲ってもらったとか。色違いで揃えたチェアはカルテル。奥はリビング（1）。キッチン奥には大きなパントリーを設置。イケアのカゴにドゥーズィエムクラスなどで洋服を購入した時に付いてくる布を活用し、センス良く美しく収納（2）。グレイッシュなタイルを貼った玄関。小池邸の壁はすべて珪藻土、ランプの影を柔らかく映し出します。大きな鏡はコストコで、ランプはH.P.DECOで購入。カーテンの奥はシューズクローゼットになっています（3）。子供スペースの天井から下げたウッドビーズのランプもH.P.DECOで（4）。トイレやキッチンのさりげない収納やディスプレイにも奥さまのセンスを感じます（5・6）。

坂を上り、高台の閑静な住宅地を進むと、真っ青な空をそのまま映したような美しいブルーの外壁が目に飛び込んできます。もとは外国人の住む大きな邸宅が多かったこの辺り、今もところどころにその面影が残ります。「今朝はリビングの丸い窓から富士山が見えました。ブルーが好きで、洋書で見た微妙な色を外壁に塗ってもらったんです」と奥さま。3人の男の子たちが玄関から一緒に出てきたかと思ったら、再び中に入り、気づくと2階のテラスから柱や壁を忍者のようにつたい、地上に下りてきます。「もう、家そのものが遊び道具状態で」と苦笑い。家族が増えることになり、家を建てる決意をした小池さん。「LDKを広く、仕切りのない空間にし、できるだけ長く家族で過ごせるような家にしたかった」とご主人。「3人目が生まれるまではスタイリストとして忙しく飛びまわる生活で、正直、家は寝られれば……くらいの感覚でした。でもこの家を建ててみて『家って大切!』と日々実感しています。家が快適だと満たされた気持ちになるし、外にいてもすぐに帰りたくなりますね」と奥さま。主に間取りをご主人が、インテリアを奥さまが担当したそう。インテリアは洋書を参考に、海に近い南仏の家のような、ちょっとエキゾチックな感じを目指しました。バイクのハーレーが縁で知り合った仲の良いご夫婦も、計画中は互いの意見がぶつかり合い、喧嘩の連続だったとか。「どうなることかと思いましたが、思いどおりの家になって仲も戻り、ホッとしています(笑)」。

休日はご主人が息子さんたちと一緒に空手の稽古に行ったり、公園で遊んだり、以前に比べ家で過ごすことも多くなりました。快晴のこの日、ブルーを基調にセッティングされたテーブルで遅めのランチ。子供たちは天気がいいと、勝手にご飯を持ってテラスに行き、食べはじめるのだとか。テラスのブランコで遊んだり、キッチンとテラスの間をぐるぐる回遊したり、リビングの梁に下がった吊革にぶら下がったり、ロフトで遊んだり……。3人の子供たちがのびのびと遊ぶ姿に、インテリアの素敵さだけではない、この家の本当の魅力を発見した午後。やっぱり家って楽しい!

小池邸 Data
結婚後、建売り住宅に暮らす。3人目の出産を機に、土地を購入し家を建てる。(株)ハウゼ(https://www.houze.co.jp/)に設計・施工を依頼。／神奈川県横浜市在住／約106㎡／会社経営のご主人・直希さん(50歳)、現在は子育てで一時休業中のスタイリストとして雑誌などで活躍する奥さま・明子さん(42歳)、音煌[ねお]くん(8歳)、望楽[みら]くん(6歳)、朗意[ろい]くん(2歳)の5人家族。

1.2階テラスでランチ。メニューは子供たちの好きなケークサレとじゃがいものガレット、サラダなど。2.アイアンの手摺が美しい階段。3.外壁は大好きなブルーにオーダー。4.シューズクローゼットのかごには、クロックスとビーチサンダルを家族全員分収納。

Koike's favorite collection

洋書を参考に、エキゾチックなフレンチスタイルのインテリアに

「この家ができてから、石けんひとつでも真剣に考えて選ぶようになりました」と奥さま。洋書を参考に、自分の好きなスタイルや色を追求し、アールに切り取られた珪藻土の壁や個性的なランプがポイントになった。南仏の海辺にあるようなちょっぴり異国情緒漂うフレンチスタイルを実現しました。ファッションを中心にスタイリングの仕事をしていた奥さまも「今はインテリアが楽しくて」とそのセンスを惜しみなく自宅のインテリアに発揮中です。1. H.P.DECOで購入した一つずつかたちの違うヴィンテージの白いカップ。無垢材のソーサーはご近所の木工所、野澤工芸で。2. 王冠形のフックは、横浜の元町商店街にある葉山ガーデンで見つけたもの。3.「布が好き」という奥さま。SLOW HOUSEのカーテン用のフックを使えば、お気に入りの布やストールもオシャレなカーテンに。4. よくのぞく大好きなインテリアショップはH.P.DECO。階段に下げたランプは、アクセサリーのパーツを用いて作られたものだとか。5. シックなボトルのリキッドソープは、SLOW HOUSEで見つけたロタンティック社のシークレットアントワーヌ リキッドソープ。6. リビングには、ソファの代わりにベンチとオットマンを。こちらもH.P.DECOで購入。7. 展示会でひと目惚れをしたという鮮やかなブルーの洗面ボウルは1階のトイレに設置。ブロンズの水栓金具とともにessenceで。8. ピート・ヘイン・イークが日本に上陸した頃から少しずつ集めていたフォトフレーム。息子さんたちの写真を入れてダイニングの壁に。9. ママ友でもある陶芸家・ヤマナカモエギさんの陶器は色や質感、ホッコリとした形が好きで愛用。ヤマナカさんの連絡先はmoegi0120@gmail.com。

ダイニングとキッチンの間の壁は家族のスケジュールを書いたり、お絵描きをする大きな黒板。カラーワークスが扱うKAKERU PAINTを塗布。ペンダントランプはライトイヤーズのカラヴァジオ。

**分譲マンションを
ペイントと壁紙で
カスタマイズし
色のある暮らしを満喫**

朝起きて最初に目にする寝室の壁は花柄の壁紙、グラハムアンドブラウン社のケンジントンに。棚はセンプレで購入したストリング（1）。リビングダイニングの壁には好きな雑誌の切り抜きを額装し、気分によって替えて楽しんでいます。ご主人が読み聞かせる絵本に夢中になり、気づくと親子3人でこんな姿に。ソファはイデー（2）。ブルー、黄色、黒板塗装、壁紙と塗り＆貼り分けた子供部屋（3）。トイレにはピート・ヘイン・イークの壁紙を（4）。ダイニングはunicoのテーブルをL字に並べ、ピクニックに来たかのような楽しげなセッティングに（5）。キャンプグッズを置いている部屋は、板柄の壁紙。「アウトドアでも自宅と同じテイストで」が奥さまのモットーだとか。こだわりのグッズ類、ラグや食器などは見せて収納（6）。

ブルーのクロスにブルー系の皿やカッティングボードをセッティング。メニューはかぼちゃのスープ、野菜＆豚肉のグリル、オープンサンド、トマトのカプレーゼなど。卓上に並べる調味料は旅先でパッケージのオシャレなものを購入しているとか。

リビングの窓から見えるのは絵画のように美しく切り取られたレインボーブリッジ。東京湾を望む高層マンションからの眺めは、昼と夜とでがらりと表情を変え、夏と冬には花火も楽しめます。「主人の職場に近く、国内外への出張にも便利なのでここに決めました。都会暮らしなので家の中にはリゾート感を出したいと思って」と、インテリアは大好きなハワイやヨーロッパのリゾートホテルの雰囲気を目指しました。マンションの白い壁を奥さま自らペイントし、壁紙を貼って、セルフリフォームを実施。壁、柱や梁と塗り分け、貼り分けて、ご夫婦共通の趣味であるサーフィンやキャンプといったライフスタイルやアウトドアでの心地よさが感じられる楽しい住まいになっています。「色はグリーンやブルー、白や木目など自然の中に存在するナチュラルな色が好きです。寝室のベッドの正面の壁だけは、朝目覚めた時に最初に目にするので少し冒険して花柄にしましたが……。ペイントしたり壁紙を貼ったのは、マンションが東向きで午後になると暗くなりがちなので、自然光だけでも過ごせるようにしたかったという理由も。寝室や廊下などは色を塗ったお陰でかなり明るく感じられるようになりました」と色による効果も日々実感しているようです。少し前から

本格的に始めたというオシャレなキャンプの様子は雑誌VERYでも取り上げられるほど。白いテントにラグを敷きつめ、木箱で棚を作り……と自宅と同じようなインテリアを楽しんでいます。「キャンプグッズは家に置いてもOKなものを基準に選んでいます。テーブルセッティングや料理も、家とあまり変わりません」。とにかく何でもセンス良くこなす奥さまに、ご主人は「僕には考えつかない発想を持っているし、器用なので家のことは完全に任せています。この家もとても気に入っていますし」とにっこり。この年はご主人の仕事に付き添い、若い頃の留学以来の2度目のイタリア暮らしも体験したそう。「インテリアも料理も楽しむイタリア人の姿勢が好き」という言葉に、手間を惜しまず楽しむ暮らしぶりが重なります。

高松邸 Data
賃貸マンションに暮らした後、同じエリア内の分譲マンションを中古で購入。カラーワークス（http://www.colorworks.co.jp/）で講習を受けてペイントをし、DIYで壁のみセルフリノベーション。／東京都港区在住／約92㎡／弁護士のご主人・政裕さん（40歳）、料理やインテリアも手掛けるクリエイティブディレクターの奥さま・美里さん（37歳）、莉緒ちゃん（4歳）、慎太郎くん（3歳）の4人家族。

Takamatsu's favorite collection

持ち前のセンスとDIYで、キャンプやリゾートの雰囲気を自宅に取り込む

独身時代からDIYでテーブルやパーティションを作っていたという奥さま。旅先でもホームセンターやアウトドアショップ、材料店などをチェックするのが好きだとか。好きなテイスト、物を組み合わせていくだけで、なんとなくまとまるという抜群のセンスの持ち主で「今は子供が小さいのでカラフルでポップな感じですが、もう少し大きくなったら大人っぽいナチュラルシックな感じのインテリアにしていきたい」とも。

1.ワイヤとロープでできたバスケットは、男前かつスタイリッシュな品揃えが好きなPUEBCOのもの。2.子供部屋の時計は、自分で数字の位置を自由に決められるKARLSSONのDIY Mega Numbers Clock。ザ・コンランショップで購入。3.プレートは日本とイタリアで買い揃えたオランダ発のpols potten。奥のボウルはローマ在住時に購入したコイ

ンというデパートのオリジナル。奥さまはInstagram「misatotakamatsu」で素敵なライフスタイルを発信中。4.デニムのパッチワークが可愛いベッドカバーはWTWで。5.子供部屋の壁にはイケアのカーテンワイヤをジグザグに設置し、絵や作品などをクリップで留めて。6.KATOJIの子供用チェアに、ピート・ヘイン・イークのスクラップウッドウォールペーパーを貼り、ニスを塗ってカスタマイズ。7.布製の収納ボックスにはキャンプグッズを。左の2つはイデーで購入したHEMING'SのPilierシリーズ。右側はPUEBCOで購入した小さく畳める便利アイテム。8.ジャーナルスタンダードファニチャーのデニム地のチェアクッションは、キャンプや自宅のダイニングのベンチでも愛用。9.子供部屋のランプはイギリス生まれのブルーメン。別売りのケーブルやケージの色を組み合わせて楽しめます。

毎日の食事も
庭もインテリアも
手間を惜しまず
丁寧に

安斎邸の冬のリビングの主役はノルウェーのヨツールの薪ストーブ。主暖房として家じゅうを暖めるだけでなく、上にストウブの鍋を置いてコトコトと煮込み料理を作るのも楽しみだとか。すぐ横に庭に出入りできる観音開きの扉があるので、薪の持ち運びもラク。

1. saccoに素材や脚の形状などイメージを伝えてオーダーしたダイニングテーブルに、イームズやAチェア、奥さまが子供の頃に使っていた椅子などを合わせています。ガラス扉のチェストはCRASH GATEのもの。2. リビングダイニング部分は2層分が吹き抜けとなった開放的な大空間。広いキッチンからは庭までが見渡せます。

「家を建てる前に、漠然と『薪ストーブなんかがあったらいいよね』と2人で話していたんです。まさか実現するとは思わずに……」。その「まさか」が家づくりを依頼したパパママハウスからの提案で嬉しい現実となった安斎邸。冬のリビングの主役はもちろん薪ストーブです。時には暑すぎるくらいのパワーで、家じゅう隅々までを暖めてくれるだけでなく、煮込み料理をしたり、ピザを焼いたりと大活躍。「薪ストーブのお陰で冬の楽しみが増えました」とご主人。裏庭に作った薪用の棚には、シーズン到来を前に丸太で買い、自分たちで割った大量の薪がうずたかく積み上げられています。この日のランチも、薪ストーブで煮込んだポトフとお手製のパン。子供たちが寝静まった夜にはご夫婦で燃える火を眺めながらお酒を飲むのも楽しみの一つなのだとか。そう、薪ストーブは想像以上に豊かな家時間をもたらしてくれています。

奥さまは料理好き。子育てと仕事に追われる忙しい日々の中でも、鉄瓶でお湯を沸かし、羽釜でご飯を炊き、パンを焼く……と家族の食事をとても大切に、なるべく手作りでと心がけています。梅酒作りがきっかけとなり、今では梅干し、紅ショウガ、らっきょう、たくあん、味噌までお手製で、パントリーには保存瓶やホウロウ容器がズラリと並んでいます。保存食作りはすっかり家族の恒例行事となり、季節が来るのを楽しみにしているそう。

「自分たちで庭を作りたくて」と郊外の広い土地を探し、家を建てた安斎さん。家づくりにあたっては、いいなと思う雑誌の切り抜きなどをノートにまとめ、設計の方に伝えたとか。目指したのはインダストリアルなスタイルをベースに、程よくモダンさやナチュラルさがミックスされたインテリア。「コテコテになりすぎないよう、抜け感を大事にした」という言葉のとおり、リラックス感が漂う居心地の良さです。

まっさらな土の状態からスタートした庭作りは、木が枝葉を伸ばし、青々と芝が生え、果樹が実をつけて、傍目にはすっかり完成のように見えるのに、「花壇を作ったり、裏庭にも手を入れないと」とまだまだ実現したいことがいっぱいだそう。「この家に暮らすようになって、家に帰るのが楽しくなりました」とご主人も笑う、暮らしのワクワクがぎっしり詰まった家です。

安斎邸 Data
賃貸マンション暮らしの後、庭のある戸建てをと郊外に土地を探し、自然環境と見晴らしの良さが気に入って購入。パパママハウス(http://papamamanhouse.com/)に設計・施工を依頼。／東京都八王子市在住／110㎡／エディトリアルデザイナーのご主人・秀さん(35歳)、自宅でエディトリアルデザイナーとして仕事をする奥さま・由美子さん(34歳)、湊くん(5歳)、由希ちゃん(2歳)の4人家族。

週に2～3回は、簡単に作れるこねないパンを焼くそう。保存食は家族みんなで作り、冬に仕込んだ味噌を子供たちが味見。パントリーには梅酒や梅干しの保存瓶も（1・7・8）。白・黒・茶とニュートラルカラーでまとめたリビング。ソファとラグはイケア。スタンドランプはアルテミデのTOLOMEO TERRA。床に置いたPLAYTYPEのビッグアルファベットポスターが目を惹きます（2・5）。キッチンの壁は黒板＆マグネット塗装で、マグネットを貼ったり、絵を描いたりも。カウンター天板は白いタイル張りで、シンクは白のカラーステンレス。棚のディスプレイセンスもさすが（3・4）。2年以上かけて夫婦で作り上げた庭はプロ顔負けの仕上がり。野菜作りや、バーベキューも楽しめます（6）。

1.シックなLDKとはガラリと印象を変え、カラフルに仕上げた個室。スペースごとに表情が変わり、部屋の移動も楽しくなります。スペイン料理店をイメージし、壁を赤く塗ったパントリーは奥さまお気に入りの場所。冷蔵庫、冷凍庫に鍋や蒸籠、保存瓶が並び、料理好きなのがひと目でわかります。2.寝室は壁と天井を深いグリーンに塗り、クローゼットはネイビーのストライプの壁紙に。3.ブルーの壁と白いタイルで爽やかにまとめた洗面所。4.2階のトイレの壁はスモーキーなブルー。

Anzai's favorite collection

ベースはインダストリアル。抜け感とバランス感覚を大切に

インダストリアルスタイルもやりすぎないよう、例えばキッチンの天板をタイル張りにするなど、程よく抜け感を作り、絶妙なバランス感覚でミックススタイルを成功させています。「思い立ったらすぐにやりたくなってしまう性質で」と笑う奥さまは、椅子や雑貨にペイントやステンシルを施し、息子さんの誕生日に机と椅子を作ったこともあるそう。

1. ビー玉転がしと積み木を組み合わせた木製玩具、キュボロ社のクゴリーノ。袋に入れてリビングに。 2. 部屋に飾るポスターもご夫婦で一つ一つじっくり選んで決めているそう。アメリカのHOLSTEE社の社訓が記された人気のポスターは、ダイニングの窓辺に。新聞入れにしているミルク缶は、奥さまがカスタマイズしたもの。 3. ベッドルームに置いたカエルのゴミ箱は、赤レンガ倉庫内のショップでひと目惚れ。アニマルダストビンシリーズで

ネットなどでも購入可能。 4. アルファベットが刻まれたユニークなコーヒーテーブルはCRASH GATEで。 5. 階段のペンダントランプは、ガラスの気泡が美しいドーム型のハンドメイドのシェード。AXCIS,INC.のもの。 6. イッタラのティーマなど、愛用している食器は北欧デザインが多いとか。こちらはスティグ・リンドベリがデザインしたブルーアスターの復刻品のカップ&ソーサー。 7. ふっくら美味しいご飯を食べたいと、炊飯器は所有せず、毎日羽釜で炊いています。シンプルかつモダンなデザインの南部鉄器メーカー、釜定による5合用羽釜。 8. イッタラ×マリメッコのカラフルなガラスのキャンドルホルダー、Kiviは光を受けてより美しく見える窓辺に並べて。 9. アンティークも扱うよく訪れるガーデニングショップ、グリーンギャラリーガーデンズで見つけたサインは玄関に。

4.

life
with green

グリーンに囲まれて
暮らす憧れ、叶えました

「この家に越して、植物がよく育つようになった」
取材先でたびたび耳にします。
いい家には、いい気が流れ、植物もよく育つ。
決して陽当たりだけが理由でもないような……。
都会で庭を持つことは難しいからせめて室内に、もしくは借景でも。
そうやって植物に癒しを求める人が増えています。

リビングに面したL字型のテラスには
パーゴラを設置し、テーブルや椅子を
置いてご飯を食べたりしているそう。植
物はすべて鉢植え、なのにこんなにた
くさんの緑に囲まれ、森にいるかのよう
な心地よさが実現しているのはさすが。

植物、テラス、
アンティーク家具
今の気分に寄り添う
心地よい住まいを

リビングの天井にはレンガ色の壁紙を貼り、棚は齊藤さんがざっくりとデザインと寸法を伝えオーダーで作ってもらったとか。チェストは福岡の
ショップkrankで購入。TRUCKのレザーのチェアとハラコ張りのソファを置いて。

「1年に1回くらいの頻度で引っ越ししてきました。独身の頃から数えると軽く10回以上かな」。「つねに物件を探しているんですよ」と横で奥さまも笑います。SOLSO FARMやBIOTOP NURSERIESを主宰するガーデナーの齊藤太一さんは、大のインテリア好き、そして引っ越し好きでもあります。「中学生の頃から、部屋の模様替えをするのが好きでした。仕事上、いろいろなケースに遭遇するので、自分でも体感してみないと……」。テラスのない家では室内だけで植物をどんなふうに楽しめるか?と試してみたり、今回の家のようにテラスがある賃貸住宅ならどんなことができるか?リアルな植物だけでなく壁紙を植物柄にしたらどうだろう?など……。「思いたったらすぐに行動しています」という奥さまの言葉どおり、とにかくトライしてみるのだそう。「白く無機質な家や古民家など、家もいろいろ試しました。内装はできる範囲で手を加え、家具は引っ越すたびに替えて、モダンなインテリアも和風もひととおりやり尽くしたかな」。この家には、引っ越しを重ねてもずっと持ち続けたイームズの3脚の椅子と、好きなアーコールの家具を中心に、アンティークのチェストなどが置かれています。「今は好きなものだけを集めたこんな感じがいいなと思っています。植物に囲まれ、お気に入りの椅子が1脚あるくらい

の空間が案外落ち着くのかも」とも。昨年お子さんが生まれた後、このテラスハウスに引っ越してきた齊藤さん。2階のテラスにはパーゴラを作ってテーブルや椅子を置き、3階のテラスにはお湯を引いて檜風呂を置いています。週末のこの日も「朝から息子と入りました。プール替わりにもなって気持ちいいですよ」。檜風呂のまわりには、レモンバーベナやゼラニウム、ユーカリなどアロマ系の植物を置いて、葉を浮かべて香りを楽しむのだとか。「前の家はテラスがなかったのですが、やっぱり気持ちいいですね。1部屋増えた感じです」と奥さまもお気に入り。こんなふうに日々の暮らしを積極的に楽しむ姿勢が、あのワクワクするような緑溢れる庭や空間づくりに繋がっているに違いありません。

齊藤邸 Data
引っ越し好きで現在の家は結婚後3軒目となる賃貸のテラスハウス。／東京都世田谷区在住／約130㎡／アーバンガーデナーとして個人宅の造園、商業施設やオフィスのグリーンディレクションを行い、SOLSO FARM (http://solsofarm.com)やBIOTOP NURSERIES代表のご主人・太一さん (30代)、ご主人の会社で働く奥さま・優子さん(30代)、一志くん(1歳)の3人家族。掲載後に第二子が誕生。

2階のテラスにはLAで見つけたというヴィンテージのハンギングチェアも（1）。今日のランチは奥さまお手製のスープカレーとシーザーサラダ。ご夫婦揃って食べることも好きで週末はテラスでの食事も多いとか（2）。玄関には日本の古い冷蔵庫やマクラメハンギングを。窓の向こうにはテラスの緑が（3）。WALPAで見つけた植物柄の壁紙を2面に貼っています。アーコールの棚には集めたオブジェや車好きな齊藤さんらしくミニカーも（4）。3階テラス横のダイニングを見下ろすロフトのようなスペース。たくさんの植物とイームズのヴィンテージチェアを置いた齊藤さんお気に入りの場所（5）。壁の一部を黒板塗装にして息子さんとお絵描き（6）。檜風呂はネットで購入し組み立てたもの（7）。

1．思わず一つ一つじっくり眺めたくなる玄関の下駄箱の上。サングラス、鍵などの必需品から、イームズのバード、ガラス瓶に入った野球のボールまで。齊藤さんの抜群のセンスを感じる楽しいディスプレイ。2．リビングに置いたアンティークのテーブルは本棚として活用。「本をこんなふうに置いてみるのも面白いかなと思って」。3．「息子はパパにぺったりで」と目を細める奥さま。リビングのソファで。4．壁の写真は齊藤さんの知人でもある石川直樹氏の作品。マナスルという世界で8番目に高く、植物が生息する珍しい山だとか。5．ソファの上は木村拓氏の植物園の写真。飾られた写真も植物にまつわるものばかり。

天井が高く開放感のあるダイニングにはカシワバゴムの木がのびのびと枝葉を伸ばしています。円形テーブルはマーガレット・ハウエルで購入したアーコールのヴィンテージ。チェストはkrankで。

Saito's favorite collection

アートや壁紙までも！ 植物に囲まれた暮らし

30代の若さでさまざまな家、インテリアスタイルを経験してきた齊藤さん。現在の家はテラスの広さが気に入って選んだそう。今、心地いいと思えるのは、ミッドセンチュリーやアンティークの家具など自分の好きなものと、植物に囲まれたインテリア。「アンティークは一期一会なので出会ったら即決します」と好きなものに出会ったら決断も早いそう。

1．オバマ大統領の刺繍が施されたクッションはH.P.DECOで見つけたもの。2．齊藤さんの後輩の「一花屋」さんに定期的に生花を届けてもらっているそう。このブーケは、そのままドライにして飾っておけるものをとリクエスト。3．玄関で甘く爽やかな香りを放っていたのは、トゥモローランドで購入したLAFCOのディフューザー。手吹きガラスの美しいボトルと、写真左の詰め替え用のオイルを足して長く使える点がお気に入り。香りはライラックや

ジャスミンをブレンドした「POOL HOUSE」。4．動物の置き物もいたるところに。旭山動物園で購入したこちらはお茶目なクマの耳かき。5．檜風呂のあるテラスのそばに置いた、シボネで購入したスティールキャンバスバスケット。バスタオル入れとして活用中。6．マーガレット・ハウエル限定のブラックレッグのアーコールスタッキングチェア。奥は同じくアーコールバタフライチェアでともに再復刻されたスペシャルエディション。アーコールの家具が好きで他にもヴィンテージの棚やコーヒーテーブルを所有。7．テラリウムでサボテンを。ガラスドームはSOLSO FARMで販売。8．陶器のサボテンは齊藤さんが手掛けるFARMというブランドのオリジナル。9．アルファベットシールを駆使して家じゅうにサインが。下駄箱の上にこんなふうに貼るのもアイデア。こちらもSOLSO FARMで購入可能です。

どこにいても
緑を感じられる
環境を活かし
自然と繋がる家に

実家の庭を通って玄関へ。ガラス張り
の玄関までのアプローチは、奥さまの
ご両親が育てた緑に溢れています。外
壁は防水性や耐久性に優れる焼き杉。

「ちょっと東京じゃないみたいですよね」
というご主人の言葉のとおり、新緑のこの季節には、
玄関までのアプローチにも、ダイニングキッチンの横
長に大きく切り取られた窓からも、その上にあるルー
フバルコニーからも、眩しいほどの緑のシャワーが降
り注ぐ大河邸。春にはダイニングテーブルに座ったま
まお花見ができ、ガラス張りの玄関ホールからは月も
見える、自然を身近に感じられる暮らしです。奥さまの
実家の敷地内に庭を挟んで建てられた、隣には公園
もある羨ましい環境。実家の陽当たりを確保するため
に、南側の隣家ギリギリに家を建てることとなり、南に
窓を設けられない分、思い切って玄関ホールをガラス
張りに。それを挟んで左右に配置された部屋にも光
が入るように工夫されています。左右の棟の高さを変
えているため、スキップフロアとなり、視覚的にも変化
のある楽しいプラン。おもに商業施設などのデザイ
ン・施工を手掛ける会社で出会ったご夫婦は、結婚
後、念願の家づくりをする機会に恵まれました。紆余
曲折あり2年の歳月をかけて、このプランを提示してく
れた建築家と出産前までデザイナーとして働いてい
た奥さまを中心に設計を進めました。「妻はプロなの
で信頼してお任せしました。僕の希望はDJブースの
ところだけ叶ったかな（笑）」。
そんなご主人のお気に入りは夏の夕方にルーフバルコ
ニーでビールを飲む時間だとか。奥さまは「キッチン
でパンを焼いている時間と、娘を幼稚園に送りだした
後、コーヒーを片手にルーフバルコニーでひと息つく
時間が好きです。フッと実家のほうを見ると、父と目が
合っちゃったりして『何サボってるんだ！』的に見られ
ることもありますけど（笑）」。この家ができてからはパン
教室を開催したり、革細工やフラワーアレンジメン
ト、最近ではフィンランドの伝統工芸の講師を自宅に
招いてワークショップを主宰するなど、自宅をコミュニ
ケーションの場として積極的に活用しています。「家
に人を招くことが多くなり、世界が広がったのが一番
嬉しいです」。

大河邸 Data

目黒区の賃貸マンションを経て、奥さまのご実家の隣に戸
建てを建てる。設計は荘司建築設計室（http://www.t-sh
oji.net/）に依頼。／東京都江戸川区在住／127.98㎡
／多趣味なご主人・延年さん（38歳）、自宅にてパン教室
やワークショップを企画・開催するMAMANOTE（http://
www.mamano-te.com/）を主宰する奥さま・友美さん（35
歳）、優衣ちゃん（3歳）の3人家族。掲載後第二子が誕生。

1. 料理が楽しくなりそうなオープンキッチン。パントリーも完備し収
納量も抜群。2. ルーフバルコニーにはウッドデッキの端材を使い造
り付けのテーブルとベンチを設置。隣の公園の緑が眼下に広がる
素晴らしい眺め。3. キッチンカウンターとダイニングテーブルが繋が
った大カウンターは足場板の古材で製作。春にはここでお花見も。

1

2

3

キッチン後ろの棚にはカッティングボードやトレイ、料理本、皿や調味料が美しく並びます（1）。玄関ホールはガラス張りの吹き抜け。壁が外壁と繋がった半屋外空間のよう。2階は向かって右がリビング、左がダイニング。玄関にはマディで見つけたベンチを置いてコーナー作り。リビングの棚には娘さんが生まれた時のデータを額装したものが。MAMANOTEでオーダー可能です（2・3・6）。リビングには壁一面の本棚があり、おもにご主人の本とレコード、娘さんのおもちゃで埋まっています。ソファとコーヒーテーブルはシボネで購入（4）。ご主人は目下、南米ボリビアの打楽器カホンを練習中（5）。ダイニングキッチンのピクチャーウィンドウには隣接する公園の緑が広がります。窓辺の金魚も気持ちよさそう（7）。

Okawa's favorite collection

借景の緑を切り取る、変化に富んだスキップフロアプラン

緑と空がいつも目に入ってくることで、こんなにも癒されるのだなと感じる大河邸。スキップフロアプランの室内は変化に富み、日々楽しい発見も。インテリアは古すぎず新しすぎない感じが好きで、ショップでいうならシボネのテイストが好きだそう。床はモルタル塗りでラフに、キッチンカウンターには古材を使うなど素材選びにもこだわりが。
1.リビングに置いた無垢の木のスツールはイデーのもの。ラフに仕上げた自然なままの姿が魅力的です。2.ママ友とご飯を食べたり、夏には子供たちがプールで遊んだりと人がたくさん集まるルーフバルコニーにはいくつもの椅子を用意。こちらはアウトドアブランドLOGOSのあぐらチェア。3.リビングの本棚にさりげなく置かれた±0のウォールクロック。スタンド付きで置き時計としても使用可。4.自宅でパン作りを教える他に、講師を招いて

さまざまなワークショップを開催している大河さん。紙製の使い捨てランチョンマットは来客時に大活躍。Bed&Breakfastで購入。5.キッチンの棚の横に吊り下げた電球型の花瓶はザ・コンランショップで。6.ロンハーマンで購入したヤシの木が描かれたデュラレックスのグラスは、ルーフバルコニーでの食事にぴったり。7.ウェーバー社の卓上バーベキューグリルは「燻製を作ろうと思って」とご主人。同じウェーバー社の大型のタイプも持っていてそちらはバーベキュー用とテラスライフを満喫。8.娘さんの洋服を掛けるために購入したスチールのハンガーラックはネットショップ、木枠屋で購入したもの。9.リビングの本棚には、イケアで見つけたブックスタンドを用いてお気に入りの本や装丁の美しい本をディスプレイ。

どんな暮らしをしたいか？
からスタートし
家族を癒す
グリーンルームが実現

植物好きの奥さまのリクエストで実現したグリーンルーム。今ではご主人もはまってしまい「夜ここで枯れ葉を取ったり水をやったりするのが癒しの時間です」。植物と庭は軽井沢の「ガーデン＆ファニチャーズ」に依頼。その後自分たちで購入した植物が着々と増えているそう。

モノトーンでまとめたスタイリッシュなキッチン。洗い物をしながら子供たちの様子が見えるようシンクをLD側に設置(1)。天井が高く、大きな窓からの光で明るいリビング。壁の一面だけ古材を張ってポイントに(2・5)。グリーンルームの壁はグレイッシュな板張り。棚にはユニークな葉形の植物が。メダカ用の水槽もあり、家族みんなで観察中(3・7)。夫婦の寝室の壁はラベンダー色(4)。南に面した明るい玄関を入るとスチール枠のガラス扉があり、その先がリビングに。玄関とリビングから入れる大容量のシューズクローゼットのある機能的な間取り(6)。庭にはパーゴラやベンチを設置し、BBQなどを楽しめるように(8)。1階の洗面スペースは清潔感溢れるナチュラルウッドで(9)。

リビング横の、南に面した陽当たりの良い場所に作られたのはグリーンルーム。6畳ほどの植物のための部屋です。「植物に囲まれて暮らすのが子供の頃からの夢で……と私がリクエストしたのですが、できてみたら主人のほうがハマってしまい、今では色々と調べながら手入れをしてくれています」と奥さま。結婚後、ご主人の仕事の都合で引っ越しを重ねてきた小谷さん一家。「いつかは家を」と住宅展示場に行ってみたものの、「土地は何坪？ 職業は？」などと聞かれるばかりで足が遠のいてしまったと言います。ネットで見つけたネイチャーデコールにコンタクトを取ってみたら、思いがけず「うちに来ませんか？」と代表の大浦さんからの誘いが。具体的な話が全く決まっていない段階で、軽い気持ちで訪れたところ、すっかり大浦さん宅の居心地の良さと懐の深さに魅了されてしまったとか。その日のことは、長男の暖くんにとっても印象深かったようで「大きな犬がいてね……」と楽しげに話してくれました。それから1年近くが経った頃、ご主人の地元の閑静な住宅地に土地を見つけ、念願の家づくりがスタート。初めての打ち合わせのテーマが、「どんな家にしたいか？」ではなく「この家でどんな暮らしがしたいか？」だったのも驚きだったそう。「植物に囲まれて暮らしたい」という回答からグリーンルームを作る話に発展。途中で「本当に必要？ その分他の部屋を広くしたほうが？」と迷ったこともあったとか。でもできてみたら大正解。植物にメダカと、すっかり家族の癒しの空間となり、この家の大きな魅力の一つとなりました。
「以前より家族と過ごせる時間を持てるようにもなり、そのタイミングで、こんなに気持ちの良い家で暮らせるようになったことがとても嬉しいです」とご主人。植物だけでなく、珪藻土に無垢材と自然素材に囲まれた家は、隅々まで清々しく、家族みんなを自然と笑顔にしてくれる、良い〝気〟で満ち溢れています。

小谷邸 Data

結婚後、ご主人の仕事の都合で、伊豆、アメリカ、東京での暮らしを経て、ご主人の生まれ育った地域に土地を探し、家を建てる。設計はネイチャーデコール(http://www.nature-decor.com/)に依頼。／神奈川県横浜市在住／約150㎡／医師のご主人・知弘さん(40歳)、専業主婦の奥さま・梢さん(39歳)、暖くん(9歳)、維乃ちゃん(6歳)、路央くん(2歳)の5人家族。

1.グレーのソファは、この家に合わせてアルモニアで購入。リビングから一段上がったところがDK。小上がりや階段が椅子になったり、子供たちの遊び場にも。2.海外のインテリア雑誌の写真を渡し、ネイチャーデコールに依頼して作ってもらった無垢材のダイニングテーブル。大人用のチェアにはエメコを選択。窓を開ければ庭とも繋がり、抜群の開放感。

Kodani's favorite collection

思い切ってつくった空間により、想像以上の豊かな時間が過ごせるように

家づくりにあたりイメージ写真を集めた分厚いファイルを用意。建築家からのヒアリングシートにご主人が、「家で過ごす時間は妻が最も長いので、妻が幸せなら自分も幸せです」と書いたのを読み、とても嬉しかったと奥さま。家の機能としては必要ない、一見無駄?とも思えるグリーンルームのような空間が、暮らしを豊かに彩ってくれるのだと感じます。
1. グリーンルームの床は、平田タイルで選んだエキゾチックな色と柄が魅力のタイル張り。リビングはモールテックス、ダイニングはフローリング、キッチンは六角形のタイルと、スペースごとに床材を張りわけ、大空間を緩やかにゾーニング。**2.** お子さんたちの出産時の写真などを集めた木製のフォトフレームはザ・コンランショップで購入。奥さまが学生時代に使っていたイーゼルに立てかけて飾っています。**3.** 長男の部屋には本人が選んだカリモ

クの机と本棚を設置。壁と入口の扉は本人が希望したグリーンで、トリップトラップチェアも同じ色に。**4.** リビングで心地の良い香りを放っているのはドゥトール・ヴラニエスのロッソ・ノービレ。赤ワインやベリー類の芳醇でナチュラルな香り。**5.** リビングのソファには子供たちがお昼寝した時用に、ジェラートピケのブランケットをスタンバイ。**6.** 人気のカリモク60のソファはこの家を建てる前から愛用。**7.** ベイフローのランチョンマットは、無垢板の大らかなダイニングテーブルにぴったり。**8.** 「植物や流木が好き」という奥さま。流木をあしらったランプはNATURALISMが輸入しているLUXTREEという照明ブランドのもの。**9.** 家族5人分、色違いで揃えたマグカップはロンハーマンで購入。お子さんたち用は、各部屋の扉と壁の色と同じ色に。

毎日現場に足を運び
作り上げた
大好きな緑と
溢れる光に包まれる家

キッチンはオープンにし、パナソニックのシステムキッチンの取っ手を替えて設置。ダイニング側の立ち上がり部分にはレッドシダー材を貼っています。奥はパントリーで、キッチン家電や食材置き場に。

1.ダイニングテーブルは木工作家・高山英樹さんに直接オーダーした一点もの。合わせたチェアはイームズやハリー・ベルトイアのデザイン。ペンダントランプはジョージ・ネルソンによるバブルランプ。ダイニングの奥がコンサバトリー。2.コンサバトリーのアカプルコチェアはご主人がお酒を飲むお気に入りの場所。トップライトからも光が降り注ぎ、緑に囲まれた温室のような居心地のよいスペースです。

「この部屋は家を建てる前からイメージがずっとあって。入口はアーチ型で、トップライトを付け、植物をたくさん置きたいと思っていました」とは、キッチン横の光溢れる一室、コンサバトリーのこと。その隣には、つい最近できたばかりの子供たちの遊び場となるサンルームがあり、どちらにものびやかに枝葉を伸ばした植物たちが並びます。「昔から植物が大好きで、休日は、時間さえあればずっと手入れをしています」と奥さま。植物の世話を存分にできる念願のコンサバトリーをはじめ、いつか家を建てた時に……とイメージを膨らませ、家具からスリッパなどの小物に至るまで少しずつ集めていたのだとか。都区内や湘南での暮らしを経て、ご主人が生まれ育った土地に家を建てることになった大塚さん。「ハウスメーカーに依頼するつもりだったのですが、自分たちの思うようにならないことがわかり、プランや内装はこちらで決め、親戚が営む工務店にお願いしました」。工務店のおじさんたちとのやり取りはFAXのみ。奥さまがほぼ毎日現場に足を運んだと言います。「そのおかげで、間仕切り壁の高さをその場で変えるなど、実際に目で見ないとわからないことを現場で修正できました」。足掛け2年かかった家づくりですが、労力を惜しまなかった結果、思い描いたイメージどおりの仕上がりになりました。

テーマは風が抜けて、光が入る家。インテリアは、奥さまの好きなアメリカのミッドセンチュリー時代のスタイルにボヘミアンを加えたテイストです。ご主人がこだわったのは2階にあるランドリールーム。南側の太陽光がふんだんに入る部屋を専用ルームにし、自ら毎日洗濯しています。「洋服からいい匂いがすると子供たちも喜ぶし、自分でも気持ちがいいからやっているだけですよ」。そんなご主人の至福の時間は、夜、コンサバトリーの椅子やサンルームのトランポリンに座ってお酒を嗜むひとときだとか。奥さまも「この家に越してから、植物の手入れに加えて庭の草むしりなどやることが増えました」と嬉しそう。朝起きて、2階から1階に行く途中のスタディルームに差し込む光の美しさに感動したり……。そんななんでもない瞬間にしみじみ幸せを感じられる暮らしがスタートしました。

大塚邸 Data

結婚後、都区内や湘南に暮らした後、ご主人の生まれ育った土地に家を建てる。／東京都三鷹市在住／約132㎡／ご夫婦ともにサーフィンが趣味で、実家の家業に携わるご主人・桂さん(36歳)、ウェブショップmarihoja(http://www.marihoja.com/)を運営する奥さま・美紀さん(35歳)、碧乃ちゃん(6歳)、橙利くん(3歳)、愛犬DICEとLOGの4人＋2匹の家族。

オープンキッチンの天井から吊るしたランプは海外から取り寄せたCedar and Moss（1）。ハンモックを吊るして、CPCMで購入した手織りのラグを敷いた心地のよいリビング。ソファはイケア、TV台はご主人によるDIY（2・6）。風が抜け、光溢れるランドリールームはご主人のテリトリー。洗濯の仕方、干し方にもこだわりがあるそう（3）。ダイニングの壁の棚はオランダ、TOMADO社のウォールシェルフを棚板だけ付け替えたもの（4）。スタディルームの収納の上やコンサバトリーの木製ベンチの上など、アートや小物、植物、ドライフラワーを組み合わせた飾り方に奥さまのセンスを感じます（5・7）。古材をコラージュした厚みのあるテーブルが、ひときわ存在感を放つダイニング（8）。

ついに最近完成したばかりのサンルームは子供たちの遊び場に。ラグを敷き、椅子やテーブル、トランポリンを置いた楽しげなスペース。

SUBWAY CERAMICSのモザイクタイルを壁に貼った1階の洗面所は、モノトーンでシックにまとめています。鏡の縁と扉は自分たちでペイント。

玄関のチェストは北海道のSAC WORKSにシーズブラークマンの家具をイメージしてオーダー。シャンデリアはアメリカから取り寄せたスティルノボのヴィンテージ。

トップライトからの光が明るい中2階のスタディルームは、奥さまの仕事場＆子供たちの将来の勉強スペース。奥さまが座る革張りの椅子はポロックチェア。

Otsuka's favorite collection

設計時のイメージ集めから、家具や小物の購入とSNSを駆使

家づくりにあたっては、海外のブログやインスタ、ピンタレストで画像を集め、イメージを固めました。「土地が細長いので、同じような条件の家を探してプランの参考にしました」とも。照明や花器、家具などは、好きなものが見つかれば国内だけでなく海外のショップやインスタからも直接購入するという徹底ぶりです。

1. 奥さまは友人と、帽子やアクセサリー、洋服などを販売するウェブショップmarihojaを運営。右上のゴールドのサークルピアスは、最近のお気に入り。サングラスは鯖江で作ってもらっている日本製。**2.**「いつか家を建てた時に使いたいと、ずっと昔に購入し、やっと日の目を見ました」というスリッパ。同じくレザーのコースターと一緒に大阪のTRUCKで。**3.** タッチするだけで水が出る自動水栓はデルタ社のもの。キッチンの取っ手に合わせ、真鍮色を選択。**4.** 大の植物好きな奥さま。ツール類にもこだわり、選んだホースリールは、toolbox世田谷のオリジナル。**5.** 玄関のチェストの上で爽やかな香りを放つマドエレンの溶岩石のポットポプリ。フレッシュハーブとミントの香りのSPIRITUELLE。**6.** コンサバトリーに置いたアカプルコチェアも家を建てる前から購入していたそう。**7.** サンフランシスコでヒースセラミックのプレートやマグ、花器を入手。色違いの花器は窓辺に並べて飾っています。**8.** 同じくアメリカで購入し、手荷物で持ち帰ったという、モダニカのウッドスタンド付き鉢カバー。**9.** 洗面台の横に、天板にタイルを貼ったオーダー収納を設置。上に並べたのは、北欧らしいニュアンスカラーのHAYのガラスシャーレ。奥さまのアクセサリー入れとして活用中。

5.

life in shonan

「子育てを湘南でしたいから」
移り住む人、増えています

この数年、俄然増えてきたのが湘南取材です。
東京から電車や車で1時間ちょっと。
通勤もできる程よい距離感、
なのに海も緑もある贅沢な環境。
流れる時間が緩やかで、住む人もおおらか。
子育てを、暮らしをそんな環境で……と望む人も多くなりました。

本物の素材にこだわり
経年変化と
暮らしの積み重ね
による変化を楽しみに

杉板の外壁と塀が目を惹く高城邸。道
路から少し入った旗竿状の敷地を利用
して、アプローチには木やハーブ類を
植えています。テラスでの水遊び後、び
しょ濡れついでに植物に水やり。ご主
人は平日の朝、サーフィンをしてから子
供を保育園に送り、仕事へ行くことも。

家づくりにあたり、高城さんご夫婦が真っ先に考えたことは「本物を使いたい」ということ。ともにインテリアデザインの仕事に携わるご夫婦は、仕事で目にする、何かに似せたフェイク素材を自宅では極力使いたくないと思ったとか。外壁と塀、一部の内壁に用いたのは胴縁材と言われる通常下地に用いられる杉材。「年月を経てシルバーがかったグレーに変化していくのを楽しみにしている」と言います。大きな玄関扉は真鍮板張り。「引っ越した頃はピカピカだったのが、かなり落ち着いてきました。きっと毎日触れる所だけ色がどんどん変わっていくと思います。外壁にしてもこの玄関扉にしても、そんな暮らしの積み重ねや時間の経過を感じられる箇所があったらいいなと思って」とご主人。自分たちでデザインした家を建てたいと、子供が生まれたのを機に世田谷から逗子に移り住み、仮住まいをしながら土地を探した高城さん。駅から徒歩圏の海側に、予定よりも少し大きめの扇形の敷地を見つけ、「機能的な面をアドバイスしてもらいたい」と、奥さまの学生時代の友人である建築家夫婦と一緒に家づくりを進めました。「1階のバスルームからキッチンへの水まわり動線や、2階のプレイルームに続くバルコニー、階段を見せ場にしたいなど設計上の希望箇所を伝え、キッチンやバスルームなどは自分たちでデザインをしました。お互い小さな子供がいて、価値観を共有できたのもよかった」と奥さま。さらに「仕事ではホテルや高級マンションを手掛けることが多く、つねに高級感のある仕上がりを求められるのですが、自分たちの家はできるだけカジュアルに、身の丈に合った感じにしたかった」とも。逗子での暮らしも3年目となり、平日は保育園の送迎やご飯作りを助けあいながら東京での仕事をこなすご夫婦。「こちらに越して、オンとオフの切り替えがはっきりできるようになりました。魚も野菜も美味しいし、週末には子供と海辺で遊ぶことも」と奥さま。盛夏のこの日は、リビング続きのテラスでBBQの後、水遊び。びしょ濡れのまま室内とテラスとを行ったり来たり、大はしゃぎする子供たちを見て、朗らかに笑うご主人。「子供たちがこれからいろいろなモノを持ち込んだり、動物を飼ったり、そんな予期せぬことによって、この家がどんなふうに変わっていくのか、今から楽しみにしています」。

高城邸 Data
世田谷から逗子に移り、Niji Architects(http://www.niji-architects.com/)と一緒に家づくり。インテリア監修はMOTO(http://t-moto.co.jp/)。／神奈川県逗子市在住／110.22㎡／インテリアデザイン事務所MOTO代表のご主人・良之さん(40歳)、インテリアデザインの仕事に携わる奥さま・映子さん(37歳)、暖くん(3歳)、心ちゃん(1歳)の4人暮らし。

1. L字に配されたリビングダイニングに沿ってテラスを設置。この日は「屋外にいるほうが好き」と言うアウトドア派のご主人によるBBQランチ。2. キッチンはアイランド型を希望。奥にはパントリー、向かって左の扉の奥がバスルームと使い勝手のいい水まわりの家事動線に。キッチンの壁面はひと目惚れだったと言う平田タイルのキャラメル色のタイル。

2階のプレイルームに繋がるバルコニーは子供たちの遊び場として大活躍（1）。パウダールームはベージュを基調にホテルライクに。天板は洗面ボウルに色を合わせた人造大理石（2）。「見せ場に」とデザインしたキャンティレバーの階段。階段の下も収納にせず、造形美を見せながら植物などを置き、あえて余白の空間に。1階の床はアカシア材のフレンチヘリンボーン張り（3）。家で仕事をすることも多く、玄関脇にはご夫婦のワークスペースを配置。手前が奥さま、奥がご主人の定位置（4）。キッチンが小さくなってもと設置したパントリー。食品の買い置きができ大正解。壁は明るい黄色に（5）。リビングにはイケアのL字型ソファを置き寛ぎの場に（6）。4畳半ほどあるウォークインクローゼットの壁紙はストライプ柄（7）。

Takashiro's favorite collection

3

2

1

6

5

4

9

8

7

家としての本質の部分を大切に、内外が繋がったのびやかな家に

ご夫婦揃ってインテリアのプロ。そんな2人が一番こだわったのが素材感。劣化しようが色が変わろうが、できる限り本物の素材を使いたいと思ったのは、仕事であらゆる素材に触れてきたからこそ。明るく風通しがいいといった住み心地のよさを大切に、家づくりを進めました。「外出しても早く家に帰りたくなります」という、素足が心地よい家です。1.玄関扉手前の外壁に付けたぶどう型のウォールランプは、ご主人によるデザインでMOTOのもの。直線的なフォルムのシンプルな外観に、有機的なフォルムのこんなお茶目なランプを付ける遊び心はさすが！2.コーヒーを淹れるのは、ハリオのオリーブウッドでできたドリップスタンドと耐熱ガラスのドリッパー&ポットのセット。3.イケアで購入したピッチャーとダルトンで購入したホルダー付きのマグカップ。4.ご夫婦のワークスペース用に選んだ椅子は、オフィスチェアの名作、イームズのアルミナムチェア。5.パウダールームの洗面ボウルはフォンテトレーディングで扱うライムストーンでできたもの。6.MUJIのアカシア材の食器シリーズは、テラスでBBQの時に、日々の食卓にと大活躍。7.ワークスペースの扉を留めるドアストッパーはWTWで購入。8.高城家のBBQに欠かせないのがヨコザワテッパンの鉄板。アウトドア愛好家の間では知る人ぞ知る名品で、A5サイズのコンパクトな鉄の板ながら、焼き上がりが炭火焼きのように香ばしくジューシーに仕上がる優れモノ。9.ダイニングテーブルの天板は、ジョージナカシマの家具などを手掛ける桜製作所で選んだ樹齢300年近いブラックウォルナットの一枚板。ご主人が香川県高松市にあるショップまで出向き、選んだとか。

家の設計と庭は妻
インテリアは夫の担当
古いものもセンス良く活かし
庭のある暮らしを満喫

もとは滝の流れる和風庭園で、購入時
には樹齢と木々が生い茂っていたのだ
とか。梅や金木犀、枇杷の木などを残
して伐採し、テラスの下に温室、庭にア
トリエを作りました。奥さまが手掛けた
念願の庭は、仕事場でもあり、子供た
ちが遊び、季節を問わず家族や友人と
バーベキューをする塙家憩いの場に。

「私が土いじりをしているのは相変わらずですが、主人が庭仕事をしている姿や子供たちが庭で虫と戯れたり遊んでいる姿を見るのはいいものですね。自宅が一番呼吸しやすい場所になり、他に癒しを求めることもなくなりました。季節ごとに植物や虫が私たちを楽しませてくれ、特に上の子は虫好きで、新しい生き物に出会うと図鑑を持って調べています。音楽を流したり歌ったり、はしゃいだり喧嘩をしたりと我が家はいちいち賑やかで、『もうマンションには戻れないね』と話しています（笑）」。川崎の分譲マンションから鎌倉山の庭付きの家へと住まいを移し、ライフスタイルも大きく変わったという塙さん一家。自宅近くにショップもオープンし、奥さまだけでなくご主人の仕事の軸も鎌倉山にシフトしてきているとか。都会に出たい時にはすぐに出られる程よい距離感も自分たちにフィットしていると言います。家が手狭になったのと、子育てしながら庭師に弟子入りしていた奥さまの「庭が欲しい！」という願いもあって家探しをスタート。初めてこの物件を見に来た時、庭にはジャングルのように木々が生い茂っていたそう。それでも築43年の木造住宅の玄関を入った瞬間に、「丁寧につくられた家だなと思いました」と設計の仕事もしていた奥さま。1週間で購入を決め、2階の和室に暮らしながら、ご主人が施主、奥さまが設計担当というスタンスで工事を進めました。趣のある和室や玄関などはそのまま残してリノベーション。その後、庭にアトリエを建て、温室を作り……と少しずつ完成させてきたそう。インテリアは塙家の〝家庭内ディレクター〟であるご主人が担当。モノ好きなご主人によって世界各地から集められた新旧のアイテムが、抜群のセンスと絶妙なバランス感覚で家じゅうにちりばめられています。「古くても今残っているということはそれだけで良いものだと思うし、現代のものでもとにかく〝良い〟ものが好き。それらを並べた空間が好きです」とご主人。夜バルコニーに出て星を見ながら体をほぐしたり、朝起きてリスに挨拶をしたり、庭でコーヒーを飲んだり。暮らしの小さな幸せと楽しみがいっぱい詰まった鎌倉山の暮らしです。

塙邸 Data

川崎市の分譲マンション暮らしから、2人目の出産を機に庭付きの物件を探し、2014年に築43年の中古住宅を購入。奥さまの設計でリノベーション。／神奈川県鎌倉市在住／161.48㎡／鎌倉山のショップAROUNDのオーナーで、グリーンと鉢や花器を組み合わせたプロダクトの製造販売や植栽などを手掛けるThe Landscapers（http://landscapers.jp/）をご夫婦で主宰。ご主人・正樹さん（39歳）、奥さま・麻衣子さん（38歳）、花漣ちゃん（9歳）、葦風くん（6歳）の4人家族。

1. 窓辺に置いたのはポートランドで出会った映画館用の椅子。「意外に座り心地が良くて、ここに座って本を読みながら庭を眺めているのが最高に気持ちいいんです」とご主人。2. キッチンには「黒いタイルを貼ってみたかった」と奥さま。ポートランドで見つけたヴィンテージプレートの数字は結婚記念日だとか。

1

2

陽当たりの良いリビングの窓辺には種から発芽し、挿し木をした植物が並びます。バルーチ絨毯の上では植物たちが気持ち良さそうに日光浴（1・5）。ロイヤルコペンハーゲンやアラビアのヴィンテージ、ヴィクトリア・モリスの食器も日常使い（2）。洗面所の引出しにはイケアの棚を活用。爽やかなブルー系の床のタイルがポイントになっています（3）。4部屋だった空間を大きなワンルームのLDKにリノベーション。カバ無垢材の床の上に敷いたラグで大空間を緩くゾーニング。残さなければならなかった柱や梁は、ドライフラワーやオブジェを掛ける場として大活躍。近所の野原で子供と取ったススキさえも素敵なオブジェになります（4）。本、アート、愛犬の想い出グッズと好きなものに囲まれたスペース（6）。

庭に建てたアトリエの外壁は大谷石。こことテラス下に作った温室が奥さまの仕事場。夜、ここに籠って仕事をすることもあるそう（1・3）。庭には金木犀、梅、枇杷などの大木が。大きな梅の木にはお手製のブランコを設置。ハンモックも吊るし子供たちは庭遊びを満喫（2）。オブジェのようなセルジュ・ムーユのランプが目を惹く、明るい寝室。床にはさりげなくアートが並んでいます。絵や写真は家の至るところに（4・7）。ダイニングのチェスト上。ご主人は好きなものを集め、緩くテーマを決めてディスプレイ（5）。靴・洋服の数も多く、2階の1室をまるまるクローゼットとして使用。「扉がなくてもいいじゃない！」とコストダウンも兼ねて棚のみを設置し、靴を並べて見せる収納に（6）。

職人さんが手をかけ、丁寧に作られた
和風建築の面影が残る玄関。ここは
あえてその佇まいを残し、小物で自分
たちらしさを追加。世界中から集められ
たものたちが見事に調和しています。

ダイニングテーブルは前の家に
合わせてオーダーしたもの。椅子
はご主人の実家で使っていたも
のを譲り受け、張り替えて使用。
PHランプはデンマークから取り
寄せたヴィンテージ。壁にはロン
ドンやNYから持ち帰った額が。

ダイニングの向かいには
カイ・クリスチャンセンの
チェストを。ここには鳥の
絵や置き物に交じり、兼
六園で拾って来た松ぼっ
くりなども。上のアートは
イヴァン・ヒーコックスの
シルクスクリーン。

Hanawa's favorite collection

古いものを活かし、妥協したくないものを見極め、メリハリをつける

「古いものはその年月でしか出し得ない味があるのでそれを活かし、できた時が完成ではなく、住みながらフィットするよう変えていける家にしました」と奥さま。限られた予算でまんべんなくキレイにではなく、どこかを削ってでも、素材やパーツなどのこだわりたい部分は妥協せずにメリハリをつけたとか。コストのかかる収納の扉はなくし、見せる収納にしてしまうなど、家づくりは時に発想の転換や思いきりの良さも大切なポイントです。1.バスルームのタイルは聖和セラミックスで、キッチンの黒いタイルと色違い。貼り方でこんなに印象が変わります。2.中目黒のショップ、BRICK&MORTARで見つけた、ポーランド軍の弾薬庫として使われていた木箱。重ねて置いてTV台として活用。3.子供が時計を読めるようになるために、土橋陽子氏によってデザインされたfun pun clockは子供

部屋に。ショップ、AROUNDで購入可。4.BBQで大活躍なのが、一見紙皿＆紙コップに見えるideacoのtmシリーズ。素材に竹を用いた環境に優しいエコなアイテムです。5.照明作家・谷俊幸氏による曲げわっぱの技法を用いた、kazagurumaという名のランプ。6.イデーの名作、ミニミラーアームチェア。大人も座れる絶妙なサイズ感。7.ポートランド発のHEART COFFEEは、ご主人がディレクターを務める、ノマディックライフマーケットで購入可能。8.ケメックスのためのスウェード製のグリップは、PUDDLEのデザイン。9.鎌倉にアトリエを構えるATELIER CHERRYの壁掛け可能なレザーメッシュカバーで覆った、ガラスシリンダーの花器は、塙さんが手掛けるブランドThe Landscapersのオリジナル。大きなサイズもあり、ギフトにも最適。

家の前を通る人と
気軽に挨拶を交わせる
風通しのよい
和モダンの家

外壁は焼き杉の横板張り。年月を経
て、色が変わっていくさまも楽しみだそ
う。敷地内にもともと植えられていた
松は、この家のシンボルツリーに。LD
Kの南側に張り出したデッキは、ハン
モックにブランコ、すべり台と子供たち
の遊び場として、また家族でご飯を食
べる場所としても大活躍。

1.2階から1階を見下ろしたところ。幅広のフローリングにこだわった床は無垢のオーク材。布張りのソファはイケア。古材を用いた棚がリビングのアクセントに。2.小瀝邸はスキップフロアプラン。階段を上り、子供部屋と寝室の間にあるオープンスペースは子供たちの遊び場。キッチンから子供たちの遊ぶ様子が窺え「ときどき物も落ちてきます(笑)」と奥さま。

潮の香りをほんのり含んだ風が、爽やかに吹き抜けるリビング。目の前の小学校の校庭でサッカーの試合をする子供たちの歓声が聞こえてきます。「この土地に決めたのも、家の前が校庭で視線を遮るものがないというのが理由の一つでした。息子たちが、毎日校庭でサッカーの練習をしたり、遊んでいる様子がキッチンからもよく見えるので、私も安心していられます。朝は学校の大きな時計を見ながら支度をしていますし……(笑)」と奥さま。湘南に暮らして6年。以前はもう少し山側の築古の戸建てをリノベーションして暮らしていましたが、海からも近い閑静な住宅街に土地を見つけ、戸建てを建てることに。「モダンに和のテイストを合わせた和モダンな感じが好きです。茅ヶ崎のMOKICHIとか、軽井沢のハルニレテラス、鎌倉御成町のスターバックスとか……」。そんなイメージで外壁は焼き杉の板張りにし、シンプルな内装に日本の古い家で使われていた建具を取り入れ、古材を棚やキッチンの扉にしてポイントにしています。間取りは1階にLDKとバスルーム、上階に子供部屋と寝室などがあるスキップフロアプラン。LDKの上は一部が吹き抜けになっていて、キッチンにいながら上階で遊ぶ子供の様子が窺えます。さらに上には、子供たちが好きな秘密基地のような小さな部屋や屋上も。LDKの前のデッキにはブランコやハンモックがあり、のびのびと

遊び、走り回れる家です。ご主人は「ぼくは屋上が好きですね。ここから見る江の島の花火は最高です。あとはデッキのハンモックかな」。平日は6時30分に家を出て、東京まで通う日々にも「通勤は大変ですが、オンとオフの切り替えがはっきりするからいいですよ」とにっこり。週末は平日よりさらに早起きし、長男と次男のサッカーの練習や試合の付き添いをしているとか。最近の週末はもっぱら息子さんたちのサッカー三昧で、自宅でバーベキューをする時間も取れなくなっているそう。この日、サッカー後の久しぶりのバーベキューに、真っ黒に日焼けした顔をほころばせる3兄弟。「普通のご飯をデッキで食べるだけでも、子供たちは楽しいみたいですけどね」と奥さま。大らかで風通しのよい空間を、内に外にと走り回るのびやかな子供たちの姿に、「家が人を育てる」の意味を改めて実感する湘南の家です。

小瀝邸 Data

大阪、ご主人の東京での単身赴任を経て、湘南の辻堂に移住。戸建てをリノベーションして暮らした後、土地を購入して新築戸建てを建て、2014年7月に転居。設計はエンケルヒュース ハウスデザイン(http://enkelhus.co.jp/works/)に依頼。／神奈川県藤沢市在住／約108㎡／会社員のご主人・智之さん(39歳)、奥さま・友香さん(37歳)、健太君(11歳)、康太君(9歳)、良太君(4歳)、犬のマカロンの5人＋1匹家族。

1階にあるパントリーの壁はシックなパープル。ベッドルームの壁は明るいマンゴー色にペイント（1・6）。玄関からLDKへの扉は、桜花園で入手した日本の古い建具を再利用（2）。サッカー後、浴室に直行してシャワーを浴びられるよう、玄関横にバスルームを配置。洗面台は桜花園で購入した古材に、GALLUPのアイアンの脚を付けた造作（3）。柔らかく味が出てきたレザーのソファはunico。ご主人はイームズ好きでロッキングチェアのRARは大阪のスワンキーシステムズで購入。古材を棚板にし、下にはリンゴ用の木箱を重ねてマガジンラックに（4・7）。ダイニングテーブルはMUJI、椅子はヴィンテージのイルマリ・タピオヴァーラ。バーベキューを焼くのはご主人の役目（5・8）。

Kosuki's favorite collection

日本の古い建具や木材と、ラフな素材、モダンなものを合わせる

日本の古い建具や木材を用いた和モダンや、モルタルなどを使ったラフな雰囲気が好きという、インテリア好きな奥さま。以前は築45年の戸建てにペンキや漆喰を塗り、リノベーションして暮らしていたそう。好きなもの、やりたいことがはっきりしていたので、それを一緒に実現してくれる建築家を見つけて依頼。3人の子育て渦中の今は「浴室のTVを観ながら、半身浴をするのが至福の時間です」。

1. 友人のショップ、STORE Oneで購入したアーティストHITOTZUKIによるキャンドルは、ハンドメイドでペイント缶を再現し、香りごとのテーマカラーがペイントされています。100%植物性のソイキャンドルを使用した「SASU Paint Can Fragrance CANDLE -mini-」。2. リビングのソファ前に置いた、レザーのスツールはH.P.DECOで購入。3. パウダ

ールームの古材風な鏡はタイムレスコンフォートで。4. パウダールームの天井から吊るしたマクラメハンギングはSOLSO FARMで見つけたもの。5. 小瀝邸のシンボルツリー、松の木に吊るしたバードフィーダーはTRUCKで。6. ビーズのランプはaura luminoで購入したお気に入り。チェコビーズやガラスビーズを使っているそう。壁にはポーターズペイントのペイントを塗装。7. 帰省時に立ち寄ったTRUCKではオリジナルのBirdモチーフのプレートを入手。8. フランフランで購入したガラスの花器に花を活け、玄関に飾ります。辻堂の湘南T-SITEで開かれるマルシェでは、花もお手頃価格で購入できるそう。9. インテリアが大好きな茅ヶ崎の飲食店MOKICHI。併設するショップで購入したカゴにはキリムのクッションを、水色のホウロウの容器は収納としてリビングに置いています。

作り手と住み手
互いの感性が寄り添う
海と富士山を眺めながら
時間をかけて育む住まい

「ここから見る夕焼けは本当にきれいです」
と奥さま。モノトーンでまとめたスタイリッシュなキッチンのカウンタートップは黒い御影石。ランプはRestoration Hardware。結婚前まで料理教室で教えていた奥さまは、将来ここで料理教室を開くのが夢だとか。

L字型のキッチンは使いやすく、家族も自然と集まってくる居心地のよい場所。モノトーンに大好きなブルーのグッズを効かせてポイントに（1・7）。玄関のベンチシート上には、デイリーで使うバッグや帽子とともに、ドライフラワーがさりげなく（2）。吹き抜けになったLDは天井が高く開放感抜群。LDKの床はシックなグレーの大判タイル。ダイニングテーブルとアイランドカウンターはKONARA HOUSEのオリジナル（3・6・8）。外壁はシルバーグレー色に味わい深くなっていくナンタケットシングルと呼ばれる木製サイディング。ガレージの窓辺には花を植え、外観にも気を配った年月を経て美しく育つ家です。玄関扉は外側が赤、内側が黒（4・9）。庭作りは今後の楽しみに（5）。

1.天井が高くのびやかなリビング。イタリア製の革張りのL字型ソファを置き、暖炉とTVをそれぞれ眺められるよう配置。アイアンの格子のスライドドアの向こうは玄関ホール。2.ダイニングから出入りできるスクリーンポーチは屋根の付いた半屋外空間。子供たちが遊んだり、バーベキューをする田中邸のもうひとつのLDとなっています。

「この家で一番贅沢な場所をキッチンにしてもらいました」。シンク前に立つと、正面に見えるのは海と富士山。三浦半島のなだらかな丘の上に立つ田中邸のキッチンからの眺めは、ちょっと羨ましいほど。眺望だけではなく、黒い木枠の格子窓に天然石のカウンタートップ、古材を用いた風合いのあるアイランドカウンターを囲むL字型のキッチンは、「ほとんどここにいます」という奥さまの言葉に深くうなずいてしまう、とびきり居心地の良い場所です。家づくりを依頼したのは、KONARA HOUSE。「コンクリート打ちっ放しのモダンな感じの家もいいなと思っていましたし、アメリカの西海岸っぽいミッドセンチュリーの感じや北欧系、TRUCKの家具も好きだったし……そんなのが似合う家もいいなと。でもKONARA HOUSEを見に行って、圧倒的な世界観、緑の中に家が佇んでいるあの感じに完全にやられてしまいました。好みが変わってしまったくらい（笑）」とご主人。実家の土地に家を建てるという恵まれた条件だったため、家づくりはゆっくりと時間をかけて進め、何度も打ち合わせを重ねました。LDKは白、黒、ベージュなどの飽きのこないニュートラルカラー、プライベートルームやクローゼットは好きな色に壁をペイントし、移動さえも楽しくなるようなドラマティックな空間が実現しています。壁の色に関しては、パウダールームはティファニーのブルー、ベッドルームは

『セックス・アンド・ザ・シティ』のキャリーのクローゼットの壁の色……と、奥さまが好きなブルーの微妙な色のニュアンスを、具体的に伝えていったそう。

今まではご主人の休日である火曜日も、ショッピングなど外出をすることが多かったという田中さん一家。この夏はスクリーンポーチでバーベキューを楽しんだり、芝刈りをしたり、少しずつ家で過ごす時間も増えていきそうです。風雨にさらされシルバーグレーに変わっていくであろう外壁や、呼吸をしながら飴色になっていくであろう天井や柱、梁の木材……。天然素材でつくられた家が、10年、20年と年月を経てどんな姿になっていくのか。「それを今から楽しみにしています」という奥さま。家族とともに育っていく家は、まだ産声をあげたばかりです。

田中邸 Data

結婚後はご主人の実家敷地内に暮らす。実家近くの見晴らしの良い土地に家を建て、2015年4月に完成。雑誌などで見て、実際に訪ね、強く印象に残ったKONARA HOUSE（http://www.konarahouse.jp/）に設計を依頼。／神奈川県三浦市在住／153.10㎡／美容師のご主人・晴人さん（39歳）、奥さま・雅美さん（38歳）、二虹ちゃん（4歳）、輝ちゃん（1歳）の4人家族。

入口をアールにし、壁を紫にペイントしたドラマティックなクローゼット。内部のシステム収納はイケア。床はパウダールームと同じ大理石のタイル貼り。

セミダブルサイズのベッドを2つ並べた特大ベッドは特注で作ったもの。クッションはZARA HOME、ウォールランプはRestoration Hardware。

ベッドルームの一角にはご主人が購入した、アメリカのバスや地下鉄のロールサインを額装したものを飾っています。ジョージ・ネルソンのネルソンベンチの上は、読み聞かせの絵本置き場。

2人の娘さんの子供部屋。壁はピンク色のグラデーション、床は足触りの柔らかいパイン無垢材。屋根勾配で斜めになった天井が屋根裏部屋のような雰囲気で、家具や小物まで、なんとも可愛らしく設えられています。ピンク色の大きな丸いランプは鎌倉のクプリオで購入。窓辺に飾った娘さんのイニシャルの置き物は、パリ在住の友人が蚤の市で買って送ってくれたもの（1・3・4・5）。壁の一部をティファニーブルーに塗ったパウダールーム。奥の壁のモザイクタイルとシェルランプは本連載1回目登場のF邸を参考にしたそう。床は平田タイルの大理石のタイル張り（2）。広々とした玄関ホール。靴やコート類の収納の間には靴を履いたり荷物を置いたりと何かと便利なベンチシートを設置しています（6）。

Tanaka's favorite collection

3

2

1

6

5

4

9

8

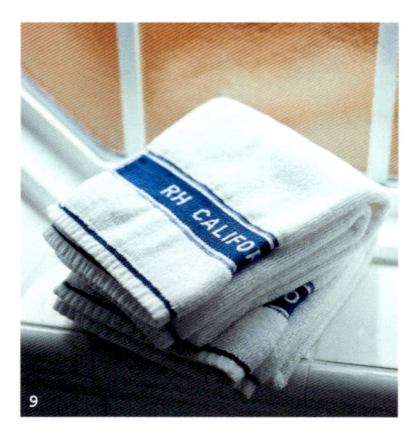
7

惚れ込んだ世界観に、色や小物で自分たちらしい個性を発揮

家づくりは時に想像を超える提案がありとても楽しかったとか。インテリアや素材へのこだわりはもちろん、本当は平屋にしたかったという希望を生かした、子供部屋以外が1階に配置された使いやすそうなプラン。「いつか家を建てた時のために」と少しずつ雑貨を買い集めていただけあり、引っ越して半年弱とは思えない仕上がりです。今後、奥さまは庭づくりを、ご主人はガレージに手を加えていくのを楽しみにしているとか。1.アメリカの人気インテリアショップ、Restoration Hardwareのウォールランプはパウダールームの壁のミラーの間に設置。壁に塗ったペイントはデボーペイントというアメリカ製の塗料。2.この日奥さまが着けていた「GOOD MORNING」の赤い刺繍が目を惹くオシャレなエプロンは、人気ブランド、オールドマンズテーラーの商品でリネン100%。3.リビングに置いたモロッコ風のトレイテーブルはZARA HOMEで。上の花器はサラグレースのもの。4.子供部屋に色違いで置いたスチール製のチェアはB-COMPANYで購入。ラグはH.P.DECO。5.パウダールームの床は平田タイルが扱う、大理石のモザイクタイルをバスケットパターンに貼ったもの。6.星や月が当たりで出てくるガチャガチャは、kiko+のgachagacha。7.ブルー好きな奥さまが、家を建てている間にひと目惚れをして購入したベルが連なったようなシャンデリアはH.P.DECOで。玄関ホールの高い天井から下げています。8.料理好き、器好きな奥さま。中でも陶芸家・野村絵梨花さんの器が好きだそう。持ち手が鍵の形になった白鉄鍵マグと白鉄丸皿はネットで購入。9.ブルーのラインが爽やかなフェイスタオルはロンハーマンのオリジナル。

この家が積み重ねた
時間を大切に
暮らしやすく変え
住み継ぐ

リビングの外にはウッドデッキが敷いてあり、日除けのタープを張って、ここでご飯を食べることも多いとか。この日のランチは皆の大好きなカレーと、娘さんがお手伝いしたフルーツポンチ。庭の芝生の手入れはご主人の担当。

LDKの横にはプレイルームを配置。子供たちの遊ぶ様子がよく見えます。ダイニングの照明はflame（1）。リビングのサイドテーブル上や窓辺には奥さまが手入れをする観葉植物が（2・4）。2階の子供部屋もリノべせずに使用。もともとあった白い棚にはおもちゃを並べ、壁にはガーランドを飾って（3・9）。奥に見えるキッチンは造作。洗面所と繋がるアーチ型の出入り口には引き戸を（5）。木の温もり溢れる洗面所の床はモルタル風のタイル。スチールと木製の棚はオーダーしたもの。オープンな棚はカゴを上手に活用して収納（7・10）。レトロな雰囲気漂う階段は手摺もカーペットも当時のまま。階段上の本棚は、置いてある美術書ごと叔母さまから譲り受けたもの（6・8）。

1

2

3

海まで自転車で10分。ご主人は週末に、奥さまは平日の午前中、時間があればサーフィンをするという揃って湘南育ちの浅見さんご夫婦。今日のようによく晴れた週末には、きれいに芝を刈った庭を眺めながらテラスでご飯を食べたり、梅雨が明ける頃からは子供たちがプール遊びをしたり。もっと小さい頃には、よく海にも遊びに行っていたそう。ご主人の地元である逗子に、3年前に購入したのは、築40年のノスタルジックな雰囲気漂う昭和の洋館。海外暮らしの長かったご主人の叔母さまが暮らしていたこの注文住宅にひと目惚れをし、叔母さまの海外転居を機に譲り受けることに。「この木製の窓枠なんか新品ではとても出せない風合いで、残してもらったのですが、子供たちにはアルミサッシのほうがカッコよく見えるらしくて」とリビングの窓を見ながら笑う奥さま。入居にあたり、古いパーツを残しつつ、暮らしやすいように1階を中心にリノベーションを実施しました。大きく変えたのは間取り。ワンルームの広いLDKを確保し、キッチンをオープンにして、隣にはプレイルームも作りました。加えて庭をより広くするために減築も。「使い古した感じが好き。でも無機質な感じも好き」と写真などでイメージを細かく伝え、家づくりを進めたそう。残したのは、木製の窓枠や幅木、リビングの梁、建具、スイッチプレート、棚、階段、真鍮のつまみなど……。パーツに宿る、年月を経ることでしか出せない風情や佇まい、今ではなかなか叶わない素材や丁寧な手仕事は、なるべくそのままにしてもらいました。「幅木を残してもらったので、職人さんが床をヘリンボーン張りにするのが大変だったみたいですが、出来上がってみたら色も雰囲気もぴったりで、残して良かったと思いました」。叔母さまにも「家具や照明など要らないものはそのまま置いていってください」とお願いしたとか。この家の個性や過ごしてきた年月を尊重しながら、自分たちの暮らしに寄り添うようにリノベーションした姿に「当初、叔母はこの家の変わったさまを見たくないと言っていたようですが、私たちがパーツや家具を大切に残しながら暮らしている写真を見て、とても喜んでくれたようです」とも。やみくもにスケルトンにするのではなく、家の個性を残しながら住み継ぐ。こんな知的で素敵なリノベーションが、これからどんどん増えていきますように。

浅見邸 Data

結婚後、辻堂を経て逗子のご主人の叔母さまの家を購入し減築&リノベーション。設計はエバーグリーンホーム（http://www.ever-chigasaki.com/）に依頼。／神奈川県逗子市在住／約129㎡／会社員のご主人・清正さん（40歳）、ベビーマッサージを教える（http://rieko-baby.jugem.jp/）奥さま・理絵子さん（40歳）、清太郎くん（9歳）、ここなちゃん（6歳）の4人暮らし。

1．以前から愛用しているチェストはBlackboardで購入。ランプと壁に飾った角は、この家に住んでいた叔母さまから譲り受けた。2．キッチンの立ち上がり部分はモルタル塗装に、冷蔵庫の横の壁は黒板塗装にと希望。奥が洗面・バスルーム。3．味わいのある木製の窓枠もすべて残したそう。床はヘリンボーン張りのフローリング。ソファはパシフィックファニチャーサービスで購入。

Asami's favorite collection

新築では絶対に手に入らない佇まい、ディテールを大切に残す

建てられた当時はかなりモダンな洋風住宅であったはずの建物。叔母さまが海外から持ち帰ったという美しい照明や家具類も含め、古きよきディテールを大切に残し、間取りを大胆に変えて暮らしやすくした戸建てのリノベーションです。新築では絶対に味わえない佇まいに、流れる空気までが落ち着いて感じられます。「広いLDKが実現したのが嬉しい。冬も陽射しが入り、とても暖か。ソファに座って庭を眺めているのが好きです」と奥さま。1.2階の洗面所に設置した収納付きのシンプルな鏡は、パシフィックファニチャーサービスで見つけたもの。シンプルなデザインながら収納量は抜群。2.子供部屋の棚に飾った優しい色合いの積み木は、逗子にあるセレクトショップ、ジンジャービーチインで購入。3.タオルを入れたカゴはP.F.S PARTS CENTERで。タオルが引っ掛からないよう配

慮されている優れモノ。4.リビング横のプレイルームに置いたティピーは、ザ・コンランショップで購入。中に木製おままごとセットやドールハウスが置いてあり、娘さんはここで遊んだり、眠るのが大好きだそう。5.ダイニングチェアとして活用しているベンチと、革製のクッションは、ともにアクメファニチャー。6.洗面所で薬を入れたりアクセサリーを入れたりと大活躍なのが、イケアで見つけた木製の収納ボックス。7.可愛らしいブリキ缶に入った多肉植物は、横須賀にあるグレナ トレドにて。8.「カラフルで楽しい色合いと模様、温かみのあるフォルムが大好き」と語るつちやまりさんの器。つちやさんは横須賀市秋谷で作陶をする人気陶芸家。9.ホルムガードのガラスのカラフェは、ご主人のお母さまがイルムスで購入して、プレゼントしてくださったもの。庭のミントを入れて、爽やかなミント水に。

「ここは今が一番いい季節」とご主人。
相模湾を一望できる、広々とした屋上テ
ラスで飲むビールは最高です。海を眺め
ながらのBBQパーティを心待ちにしてい
る友人たちがいっぱいいるのだとか。

海が見え
風が通り抜ける
人にも環境にも優しい
ビーチハウス

「海の見える家に暮らしたいと思っていました」。ご主人が生まれ育ち、結婚後も暮らしていた鵠沼は、海が見えるとなるとマンションになってしまう平坦な土地。仕事柄やはり一軒家を建てたいと、鵠沼から遠くない場所で土地を探していました。そんな想いが実り、国道134号線から急な坂を上りきった、鎌倉の静かな海を見降ろす場所に家を建てた河村さん。1階からも2階からも海が見え、屋上に上がると江の島や三浦半島までが一望できる大パノラマが広がります。「2階や屋上からどんな景色が見えるのか、工事が進むまでわからなかったんですけどね」とご主人。今年は河村邸の屋上でバーベキューを、仲間たちがすでに勝手にスケジュールを決めているのだとか。「友人が多く、よく外でご飯を食べ、飲んでいたのが、この家が出来てから半分くらいに減ったかな。夜は結構家で食べるようになりました」と奥さま。

目指したのは夏の海風が似合う、洗いざらしのTシャツのようなラフな感じのビーチハウス。廃材や古材を使い、レンガを張ったトレンドを取り入れたスタイリッシュな家であると同時に、永く安心して住める家でもあります。ベニヤ板や集成材をできるだけ使わず、無垢材を用い、在来工法で丁寧につくることで健康で永く暮らせる家に、というのが河村さんの家づくりのポリシー。表層のデザイン性だけでなく暮らす人のことを先々まで考えた、丁寧な家づくりをしています。この家の清々しさはそんな背景があるからだと話をうかがって納得。施工まで手掛けるご主人は、自宅でゆっくりする時間もないほどの忙しさなのだとか。

この日は河村邸のゲストルームを「私の部屋（笑）」と言う奥さまの友人、川崎さんが遊びに来て3人でランチ。料理上手な奥さまが作るサラダやパスタが並びはじめるとご主人は待ち切れず、ちょいちょいつまみ食いを始めます。「彼女の料理は本当に美味しいんですよ」と川崎さん。「友達が遊びに来るとこのダイニングテーブルで何時間でも過ごしてしまう」と言う奥さまの言葉どおり、心地よい風が訪れた人を温かく包み、何時間いても飽きることのない、不思議な魅力を持つ家です。

河村邸 Data

鵠沼の築40年近い分譲マンションをリノベーションして暮らした後、念願の海の見える土地に戸建てを建てる。設計・施工はご主人が担当。／神奈川県鎌倉市在住／約113㎡／スタジオ・レオン（http://studioleon.co.jp/）を主宰するご主人・礼緒さん（41歳）、併設するショップを運営する奥さま・亜矢子さん（35歳）、愛犬アン（8歳）の2人＋1匹家族。

1.TRUCKのソファを置いたリビング。窓からは南側に海、北側には雑木林という贅沢な眺め。2.玄関を入ると正面に海が見え、思わず足が止まります。下駄箱の扉はこの家の建築で出た廃材を貼り合わせたもの。サンタモニカのショップで購入した取っ手を付けて。

洗面ルームにはキッチンと同じ白いメキシコ製の
タイルを張って、清潔感のあるカジュアルな空間
に（1）。外壁はレッドシダーの白く塗った板張り。
階段を付け、イギリスの古い扉を玄関扉にした雰
囲気のある玄関ポーチ（2・5）。居心地抜群のリ
ビング。リビングの北側、緑が見える位置にご主
人と奥さまの机をそれぞれ設置（3・9）。2階には
廊下を隔ててリビングとダイニングキッチンが。扉
に古材を貼ったキッチンは職人さんが作ったオリ
ジナル。ダイニングテーブルも壁の傾斜に合わせ
製作。まるで海の見えるカフェにいるかのよう（4）。
ご主人の事務所＆奥さまのショップ名「LEON」
のブリキのアルファベットは海外で、料理本はお
客様からのプレゼント（6・7）。来客の多い河村邸。
海の見えるゲストルームは大人気（8）。

Kawamura's favorite collection

自宅で体現。安心して一生暮らせる家づくりがモットー

「空気が流れ、朽ちても土に戻るような素材できちんと家をつくれば体にもいいし、長持ちもするんです」。長く家づくりに携わってきた河村さんならではの説得力のある言葉。どの部屋も風が抜けて心地よく、ご夫婦の温かい人柄もあり、来客がリラックスして長居するのも頷けます。ご主人はリビングで、奥さまはキッチンとお風呂で過ごす時間が好きだとか。「この家で飲むお酒は美味しい！」という友人の言葉も印象的でした。

1. 来客の多い河村邸では寝袋も常備。リビングにさりげなく置かれたお茶目なハインツのケチャップ柄の寝袋は、中目黒のカリフォルニアストアで購入。2. ご主人のサーフボード置き場でもある1階の仕事場兼作業場にはパシフィックファニチャーサービスのスチール製のロッカーが。3つあるうちの1つは横にしてリビングのTV台に。3. ガスコンロはエレクトロラックスの4つ口。無駄のないシャープなデザインがお気に入り。4. ジャクソンマティスのピース柄のクッションは色違いでリビングのソファの上に。5. クタッと柔らか味わいのあるレザーのクッションが気に入り、ダイニング用に購入したベンチはTRUCKのもの。6. かなり前にグローブで見つけた、カラフルなガラスのランプはベッドルームに。7. 折り畳むとヨガマットくらいのコンパクトサイズになるポータブルハンモック、TOYMOCK。ご主人の誕生日に友人がプレゼントしてくれたもの。8. エキゾティックなデザインのランプは、奥さまが運営するスタジオ・レオンのショップにてデザイン違いを購入可能。9. ハワイアナスのビーチサンダル型マグネットは、台湾旅行中に見つけ購入。アメリカ製の冷蔵庫に張り付けています。

本連載がきっかけで
鎌倉の豊かな
緑を愛でる
暮らしがスタート

奥さまの好きな色でまとめたベッドルーム。ノーマンのウッドシャッターは風を通し、陽射しも調整できて寝室に最適。ベッドカバーやクッション類はZARA HOMEのもので、新築祝いにKONARA HOUSEから頂いたそう。

網戸付きのポーチに吊るしたハンギングチェアで読書をするのがご主人のリラックスタイム。下にはテラスがあり、レモンの収穫も（1・2）。2階のリビングは天井も高く開放的。ご主人の机も置き、家族がゆったり寛ぐ場に。階段には娘さんがシールを貼った貝殻が（3・8・10）。テーブルセッティングや小物のあしらいにセンスを発揮。ランチのメインはご主人お手製のドリア（4・5・6）。玄関横には靴、コート、バッグ、アクセサリー類まで収納できる大きなクローゼットが。外出前の身支度はここで完成（7）。バスルームからは森しか見えず「週末は明るいうちに入り、主人はビール、娘はアイスを食べたりしています」（9）。ダイニングの窓辺にはソファ代わりのベンチシートを設置（11）。

「こんな家に暮らしたい！」

きっかけは本連載17回目に掲載されたKONARA HOUSEの家。奥さまが誌面を見てその場で資料請求をし、その後アポイントを取って、当時暮らしていた三重県から茅ヶ崎まで車で通ったという驚くべき行動力です。「それまで家を建てるなんて思ってもいなかったのですが、世界観がどんぴしゃで、まさにひと目惚れでした。こういう家なら湘南に建てるのが良いだろうと、まずは土地探しからお願いしました」。その後、ご主人の転勤で再び東京に戻った際には、家具屋めぐりに便利だからと目黒通り近くで暮らすほどの徹底ぶり。お嬢さんの小学校入学に合わせて、2016年の3月に鎌倉の新居での暮らしがスタートしました。購入した土地は50年近く前に造成された閑静な住宅地にあり、長く空き地だったため大木が茂っていたとか。家を建てるために伐採したところ、目の前が森だったというサプライズも。思いがけず、ダイニングキッチンやリビング、お風呂からも緑と空しか見えない、まるで別荘にいるかのような自然と寄り添う暮らしとなりました。「マンション暮らしだったので、お風呂に窓があるだけでこんなに気持ちが良いんだと感激しました」と奥さま。ご主人は「ポーチで森を眺めながら読書をするのが週末ごとの楽しみです」とにっこり。他にもバーベキューをしたり、庭で野菜を育てたり。広いキッチンではご主人も料理の腕をふるうようになったそう。「家で過ごす時間が長くなり、すっかりお金を使わない暮らしになりました」。

プランは、奥さまが料理やリボンのお教室をするために1階をダイニングキッチンのあるパブリック、2階はリビングと個室のあるプライベートときっちりスペースを分け、お教室中も家族にストレスをかけないよう工夫しています。1階はグレー、2階はベージュを基調にし、洗面、トイレや個室はテーマカラーを替え、扉を開けるとガラリと印象が変わる楽しさも。作り手と住み手のセンスの相乗効果で、「結婚してもこの家で暮らしたい」と娘さんが言うほど、とびきり素敵で快適な家に仕上がった柚木邸。

本連載がきっかけなんて……感激です。

柚木邸 Data
賃貸マンション暮らしを経て、本連載でひと目惚れしたKONARA HOUSE (http://www.konarahouse.jp) に土地探しから設計施工までを依頼し、家を建てる。／神奈川県鎌倉市在住／約150㎡／ご主人、一記さん（42歳）、料理＆リボンワーク教室Grege (http://ameblo.jp/grege-salon) を主宰する奥さま、恵子さん（42歳）、紅春ちゃん（6歳）の3人家族。

1. 1階はグレーを基調にしたパブリックエリア。キッチンはKONARA HOUSEのオリジナルで、L字部分の扉は白、アイランド部分のみグレーに。壁のタイルは奥さまが選んだお気に入り。2. ダイニングテーブルは幅170cmのものを2つ並べ、大人数のお教室時にも対応できるように。照明と一緒にアップタウンスタイルホームで購入。

1.主に来客用の1階のトイレは壁や収納扉をブルーの濃淡で塗り分け、床や天板は大理石に。入った瞬間に思わず息を呑む、隅々まで美しく洗練された内装です。2.グレーベージュに壁を塗った広々としたパントリー。手前にはパソコンを置いた奥さまの仕事机があり、食器や食品などの収納スペースもたっぷり確保。3.2階のバスルーム横の洗面スペースは、黒を基調に天板を大理石、水栓金具やツマミをゴールドでまとめたシックな仕上がり。まさにスタイリッシュでホテルライクな水まわりです。

Yugi's favorite collection

デザインの美しさだけでなく、収納、設備と機能面も充実した快適な住み心地

「家具や照明、壁紙などは自分で選びました」と、もともと家具やアートを扱うショップに勤務し、大のインテリア好きという奥さま。KONARA HOUSEに出会う前はもう少しモダンなインテリアも好きだったそう。今はこの家に合うか否かが家具や食器を選ぶ時の判断基準。パントリーにクローゼットと収納がたっぷり確保され、全館空調や床暖房も配備された、機能性も抜群の快適な住み心地です。
1．ベッドルームの壁紙は、奥さまがWALPAでセレクト。大好きなパープルがかったモーヴピンクにキラキラと光るグレーの模様がお気に入り。クローゼットの扉や板壁もグレーに。
2．1階のゲスト用トイレのペーパーホルダーは、ヤスダプロモーションが扱うCALIFORNIA Euro collectionシリーズ。3．ダイニングルームの窓辺に設置したベンチシートには、Z

ARA HOMEのフェイクファーのブランケットとクッションを。4．ベッドルームとリビングのペンダントランプは、オルネ ド フォイユの姉妹店、アンスピラシオン（現在は閉店）で。コードを隠すために、お手製のピンクの布で覆っています。5．真鍮色のキッチンの水栓金具はコーラー社。ソープディスペンサーもビルトイン。カウンターの天板は黒の大理石。6．コロンとしたフォルムが可愛らしい自立するバターナイフはダルトンで購入。7．お教室でも普段使いにも活躍するフランス、Côté Tableのグレーのディナープレート。食洗機や電子レンジもOK。8．イタリアのBaci Milano社のアクリルのグラス類は、割れる心配もなく、ピクニックやバーベキューなど外ご飯の必需品。9．フルーツを入れたステンレスのカゴはパフコレクションで見つけたもの。

6.

urban life

コンパクトでも快適。
都会の戸建て、選びました

子育て、仕事、家事を分刻みで担う、
都会で働く主婦にとって、利便性は切実な問題。
職場に近く、できれば周囲を気にすることなくのびやかに、
しかも自分たちらしく暮らしたい。
それを叶えるのが都会の戸建て。
コンパクトでも〝ワクワク〟がギッシリ詰まっています。

国内外で出会った丁寧に作られかつ美しいものを日々惜しみなく使う

LDKがワンルームになった3階は、家族が一番長く過ごす場所。壁に掛けた柳宗理のヴィンテージの鏡に、休日の賑やかで穏やかな時間が映し出されます。リビングの壁は1面だけ色を塗ろうとカラーワークスに出向き、夫婦で色を選んだとか。FARROW&BALL社のグレイッシュなブルーはご主人が塗装。

1. ブルーグレーの壁にジャン=ミシェル・バスキアや植物図鑑用の写真などモノクロの写真が映える。ロフトの上にはヨーロッパとアメリカで見つけたダンスクの木製ワインクーラーが。ソファはカリモク。2. アルヴァ・アアルトの棚の上には、アフリカのアシャンティ族のお守り、北欧の削り出しの木製ボウル、マダガスカルの旅人の木が。3. 食器棚の上にもアフリカのミルク入れやダーナラホースなど世界各地から集められたものが並ぶ。

タピオ・ヴィルカラがデザインし、友人に贈った一点もののダイニングテーブル、ニコラス・テイラーが撮影したバスキアの写真、アフリカのアシャンティ族のお守り、ニューメキシコのオルテガのラグ、沖縄のやちむん……戸田邸を彩るのは国籍も時代もさまざまなもの。「1970〜'80年代にかけてのNYを中心としたミックスカルチャーが好きです。でもたいていは見た目や造形的にきれいだなと思うものを買い、後で出自やどんなものかを調べることが多いですね」とご主人。年に数回出向く海外出張先で出会ったものも多いう。建築家のお父様の影響でル・コルビュジエも好きで、彼の設計する建物のようなシンプルでありながら理にかなったものや、ハンドメイドや木で作られたものにも惹かれると言います。

ご夫婦ともにビームスで働く戸田さんの暮らしは、洋服だけでなく、インテリアや食器、アートとライフスタイルすべてに美意識を働かせたバランスのよさ。「ビームスはモノを通して文化をつくる"カルチャーショップ"。仕事を通じて得たものは大きいですね」とも。「以前はモノトーンやモダンな感じのインテリアやモノに惹かれていましたが、ビームスに入り、フェニカでインテリアや北欧のカゴ、柄on柄の組み合わせなどに出会ってからは、温もりを感じるものが好きになりまし

た」と奥さま。器も大好きで、出産前は、職場の仲間たちと沖縄の窯元を訪れたこともあるとか。

そんなご夫婦が通勤にも便利な閑静な住宅街に建てたのは3階建ての一軒家。LDKを一番陽当たりの良い3階にして天井を高く、床暖房を設置し、床を無垢材にという3点に希望を絞り、建築家に依頼しました。壁の一部をご主人がブルーグレーと黒板に塗装した明るいLDKが家族のお気に入りの場所。平日の夜遅く帰宅したご主人がソファで本を読み、週末になれば子供たちが無邪気に走りまわります。長い時間をかけて集めた愛すべき家具や小物類が居場所を得て、潤いをもたらす心豊かな暮らし。そんな暮らしは、ここで育まれる子供たちの感性に深く刻まれ、受け継がれ、また次世代の豊かな文化を生み出していくに違いありません。

戸田邸 Data
結婚後、富ヶ谷、豪徳寺の賃貸マンションを経て、土地を購入し、建築家に依頼して家を建てる。2013年入居。／東京都世田谷区在住／98㎡／ビームス（http://www.beams.co.jp/）勤務のご主人・慎さん（38歳）、同じくビームス勤務の奥さま・衣麻さん（34歳）、都子ちゃん（5歳）、了慶くん（1歳）の4人家族。

花を活けたり、リースを作るのが好きという奥さま。玄関に置いたオリジナルのチャーナーチェアの横に、涼しげな枝物を（1・4）。洋服や帽子、アクセサリーの収納術もさすが。北欧の木製トレイやボウル、あけびのカゴを使って美しく収納。よく使うバッグや小物類は定位置に掛けて（2・3・5）。週末は近所の砧公園に行き、娘さんが自転車に乗ったり、友人家族たちと遊ぶことが多いそう（6）。ダイニングテーブルはタピオ・ヴィルカラが友人のためにデザインした一点もの。寄せ木細工のような天板が美しい。器が詰まった食器棚はMUJI。この日のランチはサンドイッチやサラダ（7・8）。USMハラーのキャビネットには建築やインテリアなどの本が（9）。階段の窓には家族のイニシャルが飾られています（10）。

Toda's favorite collection

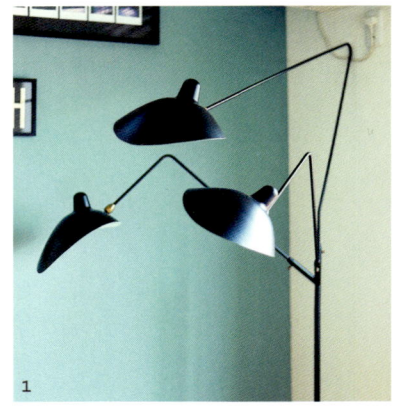

家具、小物、食器、アートがバランス良く、隅々にまで美意識を感じる家

家づくりでは、住み心地を重視した実用的なリクエストを出し、限られた条件内で暮らしやすさを追求した戸田さん。シンプルな内装に、丁寧に選ばれた逸品揃いの家具、食器、アートがセンス良く配され、個性を発揮しています。夫婦揃って「温もりを感じるものが好き」という言葉どおりの、温かくて知的な住まいです。
1.セルジュ・ムーユの照明、LAMPADAIRE 3 LUMIERESはこのリビングに合わせ、イデーで購入。有機的でオブジェのような存在感もありながら、アームとリフレクターを回転させて照射する角度を変えられる実用性を兼備した名作です。2.階段の天井からぶら下げたテラリウムはSOLSO FARMで購入。3.毎年デザインを替え、販売されているビームス×コールマンの人気アウトドアアイテム。戸田さん宅ではハラコ柄のチェアとパンダ

柄のテーブルを愛用。コストコで購入したキャリーに入れて持ち運びます。4.島根県の出西窯の丸紋土瓶や湯町窯のスリップウェアは帰省ついでに足を延ばし、求めたもの。5.ポートランドの人気ショップ、Schoolhouse Electricからご主人が持ち帰ったクッション。6.村上隆とVANSがコラボレーションした、スケートボードデッキはファン垂涎の限定アイテム。7.家を建てたら付けたいと、小ぶりなシャンデリアを探しジャンティークで発見。8.artekのスツール60はフェニカで。ビームス別注の3本脚のオリジナルタイプで、手前はヨハンナ・グリクセン、奥はアルヴァ・アアルトのファブリック。9.ご主人が出張でサンフランシスコを訪れるたびに、買い集めてきたヒースセラミックスの食器。右側の黄色&オレンジはキッズ用。ブルーボトルコーヒーとのコラボなど、ブルーを中心にコレクション。

息子さんが誕生日祝いに買ってもらっ
たサッカーゲームで真剣に親子対決。
オーク材のヘリンボーンの床はHOU
SETRADのオリジナル。

遊び心も満載
ずっと見てきた
いいなと思うものを
カタチに

幹線道路から少し入った都心の閑静な住宅地。「この辺はちょっと庶民的というか、お祭りがあったり子供たちの学校や学童の繋がりも強く、暮らしやすいです」と奥さま。ご主人が住宅や店舗、家具の設計・デザインを手がける会社を友人と立ち上げるのを機に、「お客さまに見てもらえるものがないと説得力がない」と自宅をつくることに。「最初はヴィンテージマンションをリノベーションしようと探していたのですが、縁がなくて。ならば戸建てをと、範囲を広げて土地を探しました」とご主人。設計はもちろん、自身の会社であるHOUSETRADの細田さんが実施。「玄関を広く、ガレージを作りたい、バスルームから入れるクローゼットをなどとリクエストし、相棒の細田がそれを図面に落とし込みました」。ご主人と細田さんは高校の同級生。「彼とは見てきたものがずっと同じ。いいなと思えるものも一緒なんです。2人ともミッドセンチュリー時代のインテリアが好きで、その時代に大量供給された戸建て住宅、アイクラーホームなんかが大好きですね。でもアメリカだけでなく、他の国のテイストもミックスした感じがいいなと思います」。そんな2人がつくったのは、新築ながらどこか懐かしさも漂うメンズライクなモダンな家。「完全に僕の好きなものとHOUSETRADのテイストなのですが、3階の寝室だけは少し女性っぽくと奥さんに任せました。あとキッチンの中もだな（笑）」と朗らかに笑います。奥さまは「キッチンで料理しながら、カウンターで宿題をする子供たちと話ができるし、リビングで遊んでいる様子も見えます。使いやすいですね」と満足そう。この夏は、ルーフバルコニーに念願のデッキを張ったこともあり、週末の夜には家族揃って星空の下でご飯を食べることが多かったとか。「お兄ちゃんは昨日、ルーフバルコニーのハンモックで寝ちゃったの」と娘さん。ご主人は年をとったらヴィンテージのミニクーパーに乗るのが夢で、それが収まるガレージも確保。「今はバイクと自転車置き場になっていますけどね」。

都心の限られた空間にもかかわらず、ルーフバルコニーにガレージ、リビングにはハンモックと遊び心に溢れた、広さ以上のゆとりを感じる家。「暮らしてみてわかったことはたくさんあり、お客さまにも良いところ、悪いところを話すことができるように」とも。この、スタイリッシュで楽しい家での暮らしを水野さん一家が思いきり満喫している。それが何よりの説得力です。

水野邸 Data

結婚後文京区に暮らした後、ご主人が起業するのを機に家を建てることを決意。設計はHOUSETRAD（http://www.housetrad.com/）のデザイナー細田さんが実施。／東京都目黒区在住／約98㎡／HOUSETRADを経営するご主人・了祐さん（40歳）、会社員の奥さま・恭子さん（39歳）、哲太くん（11歳）、琴子ちゃん（7歳）の4人暮らし。

1.ダイニングチェアは、MUJIとトーネット社とのコラボ。フレームがスチールのダイニングテーブルはHOUSETRADオリジナル。2.扉部分がラタン素材になったリビングのTVボードもHOUSETRADのオリジナル。天井からはハンモック2000のチェアーハンモックが下がったリビング。

キッチンの棚はご主人のDIY。横のカウンターは、子供たちが朝ごはんを食べたり宿題をする場。ダイニングから続く壁はタイル張り（1・8）。黒いタイルを張ったモノトーンのバス&洗面ルーム。ヴィンテージのドレクセルの鏡の後ろは収納に。扉にはduroデカールを（2・5）。ご主人が社会人1年目の時にネットで購入したアメリカ製のスチールロッカーを靴箱に（3）。キッチンと3階の寝室は奥さまの担当。グレイッシュなブルーの壁紙に床はサイザル麻（4）。ランチはドライキーマカレーとサラダ（6）。リビングは家族みんなが集まる場（7）。ガラスブロックから柔らかい光が入る階段（9）。ルーフバルコニーで、ごはんを食べるのが家族の楽しみに。ランプはコストコで購入（10）。

Mizuno's favorite collection

ミッドセンチュリースタイルを取り入れ、自分たちらしさを表現

ご主人のご両親はイギリスのアンティーク家具を扱い、お父さまが設計したモダンな家で育ったとか。そんな背景もあって自然と家や店舗づくりに携わるようになったと言います。限られた予算内で、自分たちが提案していきたいミッドセンチュリー時代のスタイルを詰め込んだ自宅を実現させました。奥さまも「暮らしてみたらとても快適です」とにっこり。1.ダイニングテーブルの上に付けたウォールランプはHOUSETRADのオリジナル。鈍く光る真鍮のセードのレトロなデザイン。2.リビングに置いた七面鳥のオブジェはGALLUPで購入。3.ご主人のお兄さまは、カレーにまつわる著書や商品、イベントで有名なカレースター水野仁輔さん。彼が手がけ、市販もされているAIR SPICEを作って食べるのが毎月の楽しみに。4.ソファもHOUSETRADのオリジナル。カバ材でできたフレームの両

サイドにあしらわれたラタン部分がシンプルな木製とのリバーシブルになり、さらにファブリック部分が全てカバーリング仕様の優れモノ。迷彩柄や、花柄、無地と気分によって替えて楽しんでいるそう。5.ルーフバルコニーで活用しているA&Fオリジナルの折りたたみチェア、ヴァガボンドチェアー。都会の屋外にも馴染むスタイリッシュなデザインです。6.器好きな奥さま。最近のお気に入りは、九州で出会った波佐見焼、NISHIYAMAのデイジー柄の鉢とessenceのカップ。7.結婚祝いにいただいたイタリアの時計メーカー、Diamantini&Domeniconiのクックーフォレストクロック。8.実家からもらった梅シロップは、シボネで購入したガラスの瓶に入れて保存。9.モノトーンのバスルームで活用している、ハンサムなスツールはコストコで。

urban life

Scene No.3

宮崎邸

光溢れるリビングで、父子で絵本を読むひととき。HIKEで購入したヴィンテージのチェストから、床や壁などの木材をチークにすることに。ソファはスペースに合わせて、奥行きの浅いものをオーダー。アートは、NY在住時代に購入した、有名なロバート・インディアナのリトグラフ。

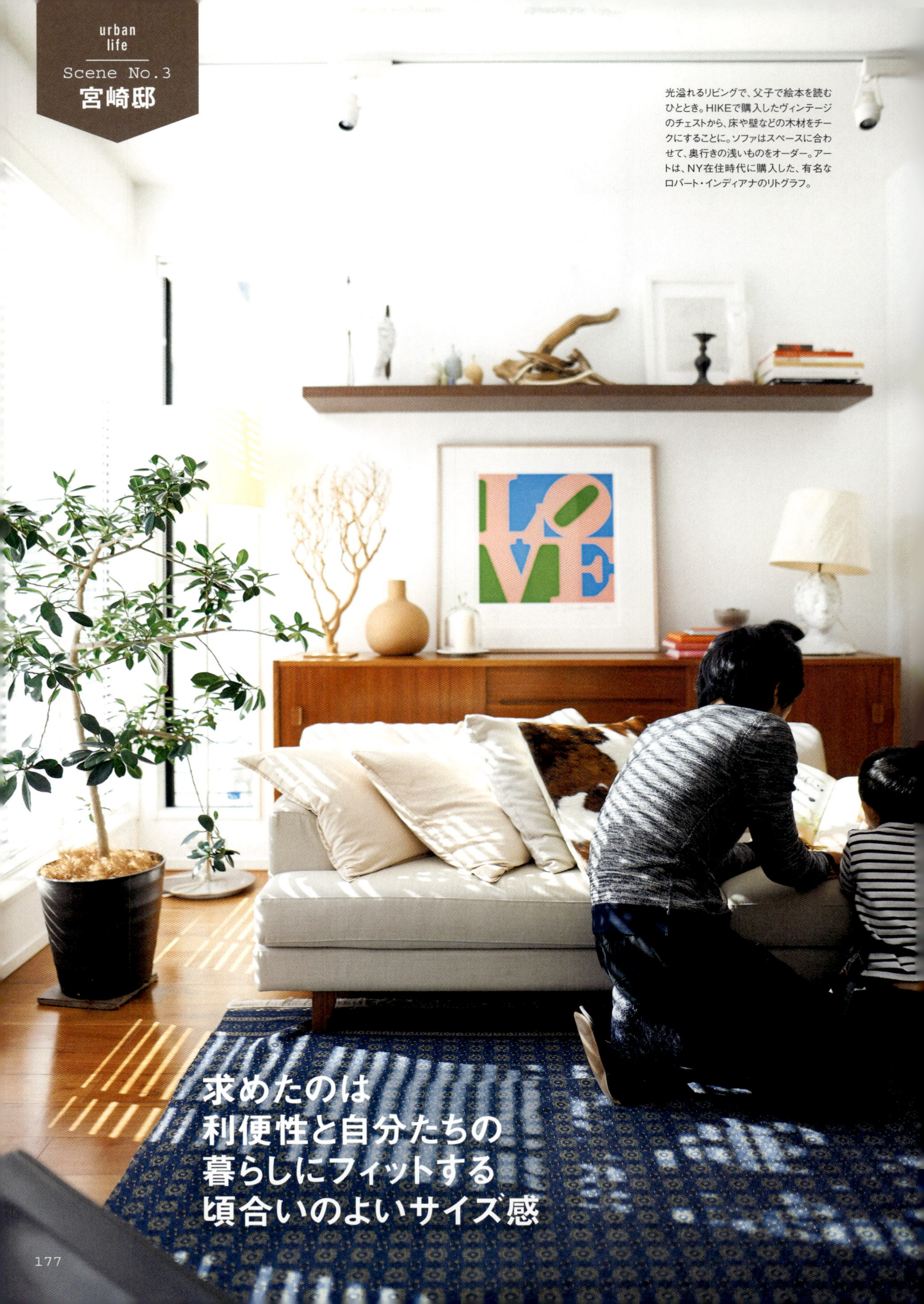

求めたのは利便性と自分たちの暮らしにフィットする頃合いのよいサイズ感

LDKの一人掛けチェアは、カッシーナ・イクスシーで購入したロドルフォ・ドルドーニのピロッタチェア。親子で読書タイム（1・6）。「昨日のうちに準備しました」という3段の重箱にぎっしりのおにぎりとおかず。他にもシュウマイやキャロットラペなど豪華なランチ（2）。キッチンの棚にはポットや花器をグルーピングして収納。カウンター上にはアートや植物を飾るなどコーナー作りもオシャレ（3・5）。寝室は1面だけウィリアム・モリスの植物柄の壁紙に（4）。斜線制限で勾配天井になった子供部屋。イケアの本棚の上には娘さんの絵やおもちゃが。お相撲さんのボウリングは、以前MUJIで購入（7・10・11）。箱根のハイアットリージェンシーを参考にしたホテルライクなバスルーム。洗面台にはマドエレンのポプリなどを（8・9）。

1

2

「狭くてもいいから、利便性を優先しました。私の職場に近く、夫の仕事にも便利で、子供の保育園に通える範囲内の場所でと。庭は作れないけれど、すぐ近くの世田谷公園を庭だと思えばいいや！と(笑)」

都心に程近い閑静な住宅地に、ご主人の仕事場兼自宅を建てた宮崎さん。1階がご主人の仕事場、2階・3階が住居スペースとなっています。旗竿状のコンパクトな敷地で、三方を隣家に囲まれているにもかかわらず、撮影で訪れたこの日は、リビングや寝室に光がさんさんと降り注いでいました。家づくりは、店舗や住宅の設計・デザインを手掛けるご主人と、インテリア会社勤務の奥さまの2人で進めたそう。「自分たちのベーシックって何だろう？と模索しながら……。毎日目にし、過ごす場所なので、じっくり時間をかけて考えました」とご主人。敷地上の制約からも箱や間取りはシンプルに。そのぶん素材感で表現したいと、例えばキッチンなら、壁や天井にチーク材、カウンターの天板はステンレス、奥の壁はセラミックタイルと、材料選びから配置のバランスまで何度もシミュレーションを重ねたとか。「お互い妥協点が違うので大変でしたけど」と笑います。子供が小さいからと妥協したところはない、という仕上がりには奥さまも大満足。「家具などが収まるところに収まったせいか、物欲もなくなりました。広すぎず、狭すぎず程よい広さで、この家に越してから育児ストレスからも解放された気がします」。住まいと仕事場が一緒になったことで、ご主人も今まで以上に育児や家事に協力してくれるように。夜ご飯を食べて、子供たちを寝かしつけてから、再び1階の仕事場で仕事をすることも多いとか。奥さまの海外出張中には、お弁当作りも担当してくれます。

休日には、家族で世田谷公園に遊びに行ったり、キッチンで料理のワークショップを開催したりすることもあるそう。料理好きな奥さまが、「コンパクトだけど、自分のやりたいことを全部詰め込んだ」というキッチンは、日々の食事を賄うだけでなく、友人たちと一緒に料理を習ったり、子供と一緒に料理を作ったりと、コミュニケーションの場としても大活躍の様子。「今の自分たちの暮らしにフィットする、自分たちサイズの家が実現できたのかなと思っています」。

宮崎邸 Data

賃貸暮らしを経て、長男の妊娠を機に土地を探しはじめる。2013年秋に土地を購入し、ご主人が設計、夫婦で内装デザインを考え、2015年に完成。／東京都世田谷区在住／約100㎡／店舗などのデザインを手がけるインテリアデザインオフィスTender(http://tender-inc.com)代表のご主人・哲さん(39歳)、インテリアコーディネーターでインテリア会社勤務の奥さま・優子さん(41歳)、遥ちゃん(6歳)、櫂くん(4歳)の4人家族。

1.こだわりが詰まったキッチン。友人の料理家を招いてのワークショップも開催できるようにと、シンクを2カ所に設けています。チーク材を貼った壁の裏には食品のストックなどを収納。食器好きで、季節ごとに使う器を入れ替え、使わないものはロフトにしまっています。
2.ダイニングテーブルは、ザ・コンランショップの金属天板のもの。椅子は以前から愛用している白いYチェア。

陽当たりの良い3階のベッドルーム。
将来はここを区切って子供部屋にす
る予定。アートはMutual Artというサイ
トで購入したBill Komoskiの作品。

Miyazaki's favorite collection

家づくりは自分たちのスタンダードを考えるところから

結婚後、長いハネムーンと称して、1年間2人でNYに遊学したという宮崎さんご夫婦。その時目にしたものや経験がその後の人生に影響を及ぼしているのだとか。J・オキーフの自宅やフランク・ロイド・ライトの設計した落水荘は特に印象に残っているそう。まず自分たちのスタンダードを考えたというエピソードに、流行りに流されない、家づくりへの確固たる意志が窺えます。アートを飾り、食にもこだわるバランスの良い暮らしです。

1.料理好きな宮崎さん。たかはしよしこさんが作るエジプト塩とチョコエ塩は、ひと振りで味が決まるというお気に入りの調味料。2.ザ・コンランショップで見つけた掛け時計。世界各地の都市名が入ったシリーズの中から、もちろんTOKYOをセレクト。3.薬味やスパイス入れとして大活躍なのが、木製トレイ付きの大理石の器。こちらもザ・コンランショッ

プで。4.心地よいバランスで、アートが飾られている宮崎邸。階段にはミナ ペルホネンのリトグラフを。5.この家を建築中に偶然見つけ、寝室の天井から吊るそうと手に入れたハンモック。中目黒のROOTS to BRANCHESで扱うオールハンドメイドのハンモックで、アメリカのCOBBLE MOUNTAIN HAMMOCKのもの。6.照明メーカー、flameとオブジェを制作するBirbira Karcoさんとのコラボレーションで生まれたランプ。陶器製のユニークなデザインに惹かれ、Birbiraさんの花器も入手。7.友人からプレゼントされ、集めはじめた和田麻美子さんの花器。並べてリビングの棚に。8.青山のSUPER A MARKETで見つけたカラフルなラグは、子供部屋に。9.ハリー・ベルトイアのダイヤモンドチェアは、10年近く前にノールで購入したもの。

Staff List

撮影
渡辺修身

金子美由紀〈ナカサアンドパートナーズ〉（東原亜希邸、白澤貴子邸、西村邸、
山口邸、WAKO邸、鈴木邸、小池邸、小瀧邸、水野邸分）
西崎博哉〈MOUSTACHE〉（高橋志津奈邸P.29、P.30上、左下分）
渡辺謙太郎〈MOUSTACHE〉（高橋志津奈邸P.27、P.28、P.30右下、P.31分）

ヘア・メーク
川村友子（東原亜希さん分）、森野友香子〈Perle Management〉（クリス-ウェブ 佳子さん分）
デザイン・装丁
野澤享子、高田明日美〈Permanent Yellow Orange〉

編集
浜野彩希、鈴木奈代

取材・文
鈴木奈代

発行人
為田 敬

※本編Dataに記載されている年齢は撮影当時のものです。

VERY BOOKS

日曜日の風景 Part2
にち よう び ふう けい

何でもない週末の、何でもない一日

VERY編集部／編

発行日　2018年4月30日　初版第1刷発行

発行所　株式会社 光文社
〒112-8011 東京都文京区音羽1-16-6
VERY編集部 ☎03-5395-8131
書籍販売部 ☎03-5395-8116
業務部 ☎03-5395-8125
印刷・製本　大日本印刷株式会社

落丁本・乱丁本は業務部へご連絡くだされば、お取り替えいたします。
本書の一切の無断転載及び複写複製（コピー）を禁止します。
本書の電子化は私的使用に限り、著作権法上認められています。
ただし代行業者等の第三者による電子データ化及び電子書籍化は、
いかなる場合も認められておりません。

ISBN978-4-334-97998-0
Printed in Japan

この本を読まれてのご意見、ご感想を聞かせてください。
veryweb@kobunsha.com